羊驼会坠入爱河吗？

——33个令人困惑的趣味哲学难题

〔英〕彼得·卡夫（Peter Cave） 著

范丽娜 译

山东画报出版社

目 录

序言　　／007

致谢　　／016

1．好人古德曼的两难选择　　／018

2．伊莎贝拉的困惑　　／024

3．小提琴家：你应该拔掉管子吗？　　／029

4．减肥与奶油面包的诱惑　　／035

5．“但这是艺术，亲爱的玛蒂尔达阿姨”　　／041

6．谦虚和羞愧：猫和老鼠的故事　　／048

7．瓶中的怪兽——待售　　／055

8．我们即将涉及的业务——从军火交易到沙发制造　　／061

9．捣乱的水手：如果这就是民主　　／067

10．不幸、幸运和幸灾乐祸　/073
11．一只生存在非连续时间里的山羊　/079
12．流产：为了生出健康的孩子　/086
13．纸牌高手——沙漠中的骆驼　/091
14．教化：我的信仰错了吗？　/098
15．小丑、伯特兰·罗素和悖论　/104
16．你为什么要施舍穷人？　/110
17．一样的音乐，不一样的心情　/117
18．如何证明“所有的青蛙都是绿色的”？　/123
19．羊驼会坠入爱河吗？　/130
20．仁慈与法律制裁　/137
21．“没人”又是谁？　/143
22．青蛙和蝎子　/149
23．奶油与哲学家　/157
24．特例：医生、良心和面纱　/163
25．掉落的大头针　/170
26．偏好：避免金钱流失　/177
27．小羚羊、树懒和鸡　/184
28．好的惩罚如何成为糟糕的惩罚，非常糟糕的惩罚　/190
29．全知的上帝究竟知道多少？　/196
30．哲学的谜团——从“我思故我在”到一点语法　/202

31．无穷、无穷数和希尔伯特酒店　　/208
32．长生不老也会有烦恼　　/215
33．现代社会的野蛮人　　/222

附录　延伸阅读　　/229

序　言

哲学，乃疾也，又为自身疾之良药。

如果你对于诸如为什么这样，是否是这样的问题心存困惑，百思不得其解，那么，有些事，你应该去做，而有些事，你又不应该去做——这些事，有好，也有坏。此时，在某种意义上来说，你可谓一个哲学家。如果你想将事情探个究竟——精神是不是仅仅只是大脑而已，世界是不是为天所赐，那么，在某种意义上来说，你也是一个哲学家。如果你的脑海中不时产生比如“这到底意味着什么”以及“核心是什么”之类的问题，仍旧有更多依据，足以证明你身处哲学家之列。

在以下三个领域中，哲学家们提出理由，积极辩论，迂回向前却又步履蹒跚，使得事物最终得到澄清：事物应该怎样；实际上怎样；有何意义。围绕着认知的获知，还有第四点：疑惑于如何能（以及是否）了解其他三个领域中所涉及的事物。而围绕着如何更好地推理和辩论，又引发第五点，即逻辑性。

以上所提及的五个领域中的疑难问题，此书都有所涉及。种种疑惑和困惑，包括一些形式矛盾，从道德难题、艺术欣赏、对民主和宗教的认识——到语言、逻辑和爱的矛盾——到事物的合理性，以及如何最好地进行动物学研究。是的，我将从头至尾悉数介绍。

文中之所以设置种种谜团、故事和小对话，只是为激起我们对问题的深层次原因的思索。哲学或许给人一种遥远、抽象以及人世所无的形象；但事物并非只能如那样，事实上，也确实常常不是。这样，这儿所说的困惑常常与每天的环境所结合，有时候又带有幽默之意。哲学可以是娱乐性的；它也可以使人上瘾。哲学，反映在我们对世界和自身的一些最基本的认知上，并试图揭示一些误区。在此序言中，让我通过一些故事，引发大家对误解产生的原因的关注。

“摩尔，你总是说实话吗？”

20世纪早期最主要的两位哲学家是剑桥哲学家伯特兰·罗素和G.E.摩尔。摩尔被认为是一个绝对诚实正直的人。罗素聪明世故，可谓深得众多女人喜爱，同时他又十分淘气。有一天，罗素淘气地问摩尔是否总是说实话。摩尔适当地谦虚了一下，回答道：“不是的。”我们应该作何定论？

摩尔回答的意思相当于“我不是总是说实话”。可是，让我们假设摩尔确实十分谦虚，所有他曾说过的其他话也是实话。摩尔现在的回答就相当于“我现在所说的并非实话”。如果他所说的不是实话，那么，按照他所说，这话毕竟也是真话。这样看来，以上判定就多少使人困惑。而这就是矛盾的体现。我们将在第6篇和第15篇读到有关的矛盾（有关一些谦逊的）。

当一种表述无法被证实真实性的时候，它就是自相矛盾的。这个句子既是用英语写的又不是用英语写的，这种表述是无法被证实的。两种表述互相矛盾，当其中一个是正确的，另一个必定是错误的；而如果其中一个是错误的，那另一个必定是正确的。哲学家们寻求避免矛盾存在的一致性以及其他一些不一致性。

事实上，不一致性在外在世界中是不存在的。当我们对这个世界进行表达、思考和谈论时，进而产生了不一致性，我们发现自己被卷入其中，正如我们在摩尔对罗素的回答上的分析一样。哲学反思揭示了在我们假想和生活方式中很多的纠结情况，也可以称之为哲学疾病。哲学反思指引我们跳出纠结的黑暗状态进而走向光明：对，这就是希望。

“他什么也教不了我”

20世纪伟大而又最有争议的哲学家是路德维希·维特根斯坦。当他初到剑桥，很快就被看作是个折磨人的傲慢天才。罗素（是的，就是前文所提到的同一个罗素）告诉他可以去向已是逻辑学家的W.E.约翰逊学学逻辑。他们共处了仅仅一个学期。最后，维特根斯坦跟罗素反映“他什么也教不了我”。约翰逊跟朋友反映“我没什么可以教给他的”。

在一定意义上来说，约翰逊和维特根斯坦都是在讲述有关约翰逊的同一件事儿，但是他们所暗含的意思完全不同。约翰逊认为年轻的维特根斯坦自以为是，不会听从别人的劝说。维特根斯坦认为约翰逊是个思想陈旧的老古板。后来，事实上，维特根斯坦对约翰逊钢琴演奏非常欣赏，他们成为了关系很要好的朋友——相比于向约翰逊学习逻辑。

这个故事告诉我们，我们应该密切关注意思本身，也就是说话者在陈述中真正想说而又暗含的意思。这就需要关注语境、动机和臆想。如果我说我昨天晚上在电视上看到了国家首相，并补充说他非常清醒。我的话语本身欠逻辑地暗示了他经常醉酒；但是，加入给出语境和假想，经常醉酒的意思就能表达出来。这就是我话中的“言外之意”。

卡西米尔路易，一位哲学家，曾经参加过摩尔和维特根斯坦的讲座。他曾经被问及对于当时同事所写的一本书的观点。“这本书印刷在质量非常好的纸张上。”他用带有浓重波兰语的口音回答道。其他已不必多说。这里请注意，当事件本身被过多地关联，听者就会问：“那么，路易以前是怎么评价这本书的？”聪明路易的回答是：“我想我刚才已经告诉你了。”

维特根斯坦说过一句非常有名却又颇具争议的话，那就是“哲学就是一场反对语言诱惑理智的战争”。然而，对于哲学困惑仅仅是语言问题（比如说，你读到一些信息时你在想什么）的观点，很多哲学家都强烈反对。但是，对于语言影响话语表达的观点，所有哲学家都应该认同。

“把你要洗的衣物带来”及“水果或坚果”

索伦·克尔凯郭尔，一位生活在19世纪的丹麦哲学家，现在被视为一位虔诚的存在主义论者，克尔凯郭尔曾经看到一个标着“把你要洗的衣物带过来”字样的商店，便急急忙忙地跑回家，搜集了他的脏衣服后带到了那个商店，却发现那个商店并不是洗衣店，而是一个出售商店标识的商店。这个故事告诉我们在判定标识标明的含义时要细心。标识所出现的场所对于正确阐释标识含义是非常重要的，特别是在我们考虑应该如何做的问题时，阐释就会产生作用。

我曾说到事实上的“外在世界”里不存在矛盾，也没有不一致性。种种问题的产生源自我们对这个世界上的种种反应，而不是源自这个世界。然而，这个道德的世界，这个我们如何生活的世界，这个我们应该如何去做的世界，其中确实包含了令人困惑的不一致性：这种不一致性不仅仅产生于对那个世界的不充分反应。

利亚姆既是某个喝酒的人又是某个从不喝酒的人，世界上并不可能存在这种情况。这就是所谓的矛盾。然而，在道德的世界，看似可以允许利亚姆既应该遵守他的诺言又不应该遵守他的诺言的这种情况产生。

他应该遵守他的诺言去看望海德维格，否则海德维格会很失望，他不应该让海德维格失望。可是，他又不应该遵守他的诺言去看望海德维格，因为如果他去了，就会让玛利亚失望，他又不应该让玛利亚失望。道德，确实会让我们在生活中遇到这种窘境，比如在第1篇、第3篇、第20篇和第28篇中所读到的。

还有一些关于道德真理客观性的问题。如果一件事物是真的，那么在这个世界上，一定有什么东西使它成为真的，也就是真理制造者。好吧，可能就是这样吧；然而，如果我们坚持这种假设，同时又接受道德真理的确存在，那么，在这个世界上，我们就需要一些道德真理制造者。就如同第22篇中的浅思，这种真理制造者可能看起来有些稀奇古怪。

在此，有一个非道德领域的“水果或坚果”的例子，即伊丽莎白·安斯库姆的好意：很多年前她出席了一个哲学论坛，她偶然看见一块巧克力，外包装上写着“水果或坚果”。现在，他反应过来了，一块巧克力，可以是水果巧克力，可以是坚果巧克力，也可以是水果和坚果混合的巧克力。但是，在这个世界上，究竟是什么东西使巧克力成为“水果或坚果”呢？对于巧克力是水果或者坚果这个需要讨论的话题，真理制造者又是什么呢？如同“水果或坚果”所体现的，对于真理制造者的百思不得其解，并不单单在考虑道德真理的时候产生。

哲学化：一场与巫术的战争

哲学的中心话题是我们在每天的生活中都能遇到的：我们的经历、我们的世界观、对自我的信念、我们如何对待他人，宁静的深夜里，我们探求生活的意义时，所产生的那些苦恼。哲学家很少直接进行物理试验，在泥泞的沼泽里艰难跋涉，或者进行考古发掘。我们宁愿找把扶手椅，纸和笔（或者电脑键盘），甚至一瓶酒。可是，哲学家们确实可以反思他人如何探索世界，可以是物理学的方式，也可以是心理学或宗教的方式。比如，第18篇中讲述的。

哲学家是一类求知欲极强的人，他们作好了钻研任何人所涉及的学科的准备。需要谨记的是好奇心会害死猫的。假如哲学家是猫，他们将不会活太久。正如维特根斯坦所说的“哲学家不属于任何一个观念社区的市民，这也就是他成为哲学家的原因”。哲学家不会蜂拥至同一个反思领域。

哲学家们利用他们的推理进行思考。不管怎么说，如果你想知道为什么你不做梦，做试验是没有用的，因为你或许会梦到你正在做试验，会梦到试验结果。

有些时候，据说在哲学领域不存在“对或错”的答案。这种观点是不正确的。谬论一经推理，就会漏洞百出，错误的假设一经推理，就会使错误更明显，巫术一经推理，就会浮出水面。我们已讲到过，所有的困惑依旧存在。这与直接的逻辑上和数学上的困惑形成对比。关于后者，所有事情一经解释，就会清楚明白。在此，有个“直接困惑”的例子，有关于以上所提及的三个人。

奥斯伯特爱着佩内洛普，但是佩内洛普爱着昆廷。奥伯斯特是个哲学家，但是昆廷不是。一个哲学家会喜欢上一个不是哲学家的人吗?

（答案是“会”“不会”或者“不确定”？请看对于答案的注释）

哲学家经常以不同光角展现这个世界，展现一些问题。这种光可能使困惑释然却也可能导致进一步的困惑。这儿有一束光，不过，是一种启发性的挑战。

通过对我们能否置身于我们的生活中，以致非常希望生活的永恒重复，就像时钟的轮回一样这个问题的询问，尼采假设永世循环，他认为这是最大砝码。当然，假如这种重复性与宇宙自身的重复完全一样，那么，对于这种重复，我们应该毫无感知。我们甚至会质疑这种重复的意识。可是，值得探讨的是，永恒轮回，这种最模糊的意识状态，构成了一幅画面，旨在使我们将精力集中在我们应该如何生活，我们看重何种生活以及我们能承受些什么，参见第32和第33篇。

哲学家，曾被讥讽为在黑暗小屋里四处找寻黑猫的盲人。然而，这是不对的。当你对这些疑惑稍加研究，有时会有些有趣的发现，有时就没有。有时候，哲学的疾病依然存在，有时候，这种疾病会被慢慢治愈。不论发生任何情况，我都希望你能感受到这种探究经常带给人的吸引力、乐趣感和充实性。我也希望，最起码，“刺激”和“思想”这两个词能在你脑海中闪现。哲学或许会最终归于平静，但是在这之前，它必定引起轰动。

致　谢

多年来，我一直感激于开放大学和伦敦城市大学的诸多同仁和学生们。最近，也就是自从哲学课在城市大学的遗憾废除（一所大学里面经常没有开设哲学课，这可能吗？），我已经被“周一俱乐部”的哲学家们所刺激到，被佩德姆·道森这位不同于其他传统的“周一俱乐部”成员所激发。同时，我也感谢参加在斯德哥尔摩大学举办的2009年克劳迪奥·泰姆博瑞尼重犯会议的出席者们。

以下人员已经作出了有用的评价，我感谢他们每个人以及每个人的评论。比如，劳伦斯·戈德斯坦，迈克尔·克拉克，艾德里安·莫尔，尼克·埃弗立特，杰勒德·利文斯敦，皮尔斯·本，索菲·鲍莱特，卡洛琳·普莱斯，埃斯珀·丽芙，理查德·诺曼，杰里·瓦尔堡，安德鲁·哈维，马丁·霍尔特，约翰·尚德以及人道主义哲学家的成员，我感谢他们所有人。

关于经过多年积累的有价值的辅助手段，不论实用性的，还是智能化的，我非常感谢安琪拉·乔伊·哈维，以及朱丽叶·梅贝、马克·哈普雷，凯思林·麦卡利和科尔斯顿·萨默斯，还有Oneworld出版社所有鼓励探索复杂的哲学的人们。

阿尔顿·里昂，是位哲学家，在这个事业里，可谓饱受折磨至今，因为他曾研究过我之前所研究的哲学疑难问题。我理应感激他。在无数的研究草稿中，他冲锋陷阵，质疑一个又一个问题，使我顿时头脑清醒，然后越来越清晰，越来越具洞察力，虽然，我们有时并不确定到底哪个是哪个。可是，他经常会带有体贴入微的关照、好意和幽默感。他应该正在写这些书，对于这些书而言，时间上已很晚，但已为人熟悉，我相信会更加完善。

彼得·卡夫

【伦理】

1

好人古德曼的两难选择

在美国中西部以外的小石城，获取一份工作并不是一件容易的事，所以，想象一下，古德曼（Goodman）能够被当地州长聘为职员，对他来说，会是多么高兴的一件事儿。他鸿运当头了，当州长的话语稍显多时，他隐约这样感觉到。

“你知道的，”州长说，“我们真正所需要的是一位专业执行绞刑者。你非常适合这份工作，这主要是考虑到你在系绳索和打结方面的技能。我希望你能尽快胜任这份工作。”

古德曼大喘了一口气。是的，他需要一份工作，他得养家，但又不像诸多小石城的市民那样。作为一个小石城市民，他反对绞刑。他是个有原则的人，至少在这件事上如此。

“不，我实在接受不了这份工作，”古德曼结结巴巴地说，“虽然遗憾，但我强烈反对死刑，就是这么简单的理由。”

“听着，”州长回应到，“虽然我不这么想，但是我尊重你的观点，可是如果你不接受这份工作，我就不得不将这个工作提供给其他人。其他人会做这份绞刑执行者的工作。所以说，你的拒绝又能带给你什么呢？”

“我坚持我的原则。”古德曼面露难色地回答道。他拒绝了这份收入不错的工作，心里想着如何将这个消息告诉他的家人。

“如果原则让你如此伤心，那倒不全是原则的问题，”州长满脸堆笑地说道，“不管怎么说，你还有其他的原则，你的职责又怎么样呢，比如孩子的养育和教育问题？”

“我知道，我知道的。这是原则之间发生了冲突；但是有些事情我不允许自己去做。在执行绞刑的前后阶段，我会受噩梦煎熬。那些噩梦向我展示了绞刑在道德层面上是多么不恰当。”

“那仅仅是你的心理问题，古德曼；但是你的职责在你的家庭上，我再重复一遍，如果你不做这份工作，其他人会做。你所谓的高尚原则，什么也给不了你。事实上，在你和他们之间，我更希望你能来做这份工作，因为我知道你在对待即将被执行绞刑的人时会特别仁慈。而相比较而言，如果坏人拜德曼（Badman）来做这项工作，将会使罪犯备受折磨，就连最后死亡时都会让他们极度痛苦。这是你要接受这份工作的另一个原因。来吧，接受这份工作吧！”

古德曼应该违背他的原则去接受死刑执行者的工作吗？

“如果我不做，其他人也会做”，当我们做了不该做的事情时，本该做却没能做，这就会成为一个试图辩解时的借口。比如说，一个女人晕倒在火车站台上。我们都在急匆匆地赶火车。好吧，其他人肯定有去照顾她的，在我们飞奔过去时，我们会这样想。

我们应该建议古德曼怎么做？考虑到总体受益情况，我们单独从结果或者后果上来看一下这种进退两难的处境。似乎古德曼应该接受州长给予的工作。这能帮助他的家庭，对被绑在死刑台上的人来说也会稍微好些。这些原因比他的不安心理更重要。他甚至还能在冲破原则问题上对自我有种不错的感觉——感觉自己像烈士一样。

确实，有些因素会被考虑进去，那些因素会导致产生相反的结论：比如，拜德曼可能有更大的家庭需要养活。

目前，我们的推理是针对可能产生的后果进行的。对于进一步的事例，如果古德曼谢绝了工作，使得其他人重新考虑死刑执行者的工作，并有助于死刑的最终禁止。（假如死刑的禁止能带来一个更为繁荣的社会）那么，根据间接理由来说，古德曼的拒绝是正确的。但是，我们假设一下，从直接原因出发，古德曼接受州长提供的工作将会更好一些。赞同古德曼的拒绝，还有什么可说的？

古德曼想成为一种什么样的人，他的生活原则是多么地不可破坏，这就是我们所关注的。如果他允许自己（就像他认为的）因做死刑执行者而玷污了自己的双手，那古德曼可以忍受他的自我、他的良心吗？或许，他坚守原则，不管总的后果，最看重的是他自己的道德。

一种直接的反应是，古德曼拒绝了工作，置自己的道德意识于养活家庭之上，是一个自私的人。可是，这种反应是一种公平的还击吗？道德能要求古德曼牺牲他自己的完整性吗？古德曼不得不自食其力，可是，如果我们对古德曼的正直感给予特别关注，或许那个因素（关于什么能使得古德曼的生活富足）能简单作为一种微妙后果论的评判。

以上所说到的有关道德的后果论方法，存在于一种超然的角度，一种古德曼所处的独特环境之外的角度。考虑到行为本身对古德曼、罪犯、拜德曼诸多方面产生的影响，这种后果论试图寻求一种客观性。现在，古德曼可能将自己描绘成缺少某种依恋的人（他变得不为妻子所动摇，对绞刑受害者视而不见）。但是看起来，他的决定和最终采取的行动，需要他的真实情感、他的焦虑和他的在意所激发的魅力。那么，有个问题，那就是被理解为完全分离的道德，是否能产生这种魅力。有争议性的道德的那个部分，需要特别关注古德曼所具备的特定依恋，也就是他的忠诚、人际关系和他所关心的是什么。

古德曼，在这份工作上作决定的过程中，也是成就他自己。他的驱动力可能源于：或是他将自己视为坚决维护反对死刑原则的这么一个人，或是将自己视为一切为家庭着想，能为家庭牺牲某些原则的这么一个人。可是，在是否接受这份工作的问题上，他可能正在接受自己是一个伪君子或胆小鬼，还没作好准备高扬自己原则的旗帜。

什么使古德曼动摇，什么使我们所有人动摇，这是我们所探究的内容，我们将其视为给我们的生活以道德感的东西。当我们考虑应该如何生活时，“如果我不，其他人也会。”这种思想应该毫无分量可言。

同样，“其他人做，所以我也会做。”这种思想也应该毫无分量。想一下，为了让自己的孩子进入好的学校读书，在有关自己的宗教信念或是家庭住址上，有些家长是怎样撒谎的呢。“哦，其他每个人都这么做。”保险索赔利用不正当的理由提出过分要求。其他人也会有那样的说法，不足以成为让我们免于谴责或赞扬的理由，因为我们已然选择去做那种人，那种人也会别人怎么做，他就怎么做。

关于古德曼和工作机会，这让我们作何结论？哦，我们可以和古德曼探讨一番，将注意点转移到看不到的因素上。最后的决定是由他作出的。他必须得接受他所作出的决定。他等待的不应该只是单独的一个答案，一个在之后的生活中需要他必须遵循的答案，就像是木偶跟着线的拉拽而动一样。毕竟，木偶不能充当媒介，更不能充当人。当然，他可以选择像木偶那样做，但那也是他个人的选择。

当出现一些大的困境时，比如说我们在古德曼问题上的进退两难，D.H.劳伦斯的话“找出你最深处的驱动力，然后付诸行动”，就非常有道理。需要提醒你的是，考虑到一些人和他们最深处的驱动力，建议不去付诸行动，也有很多理由。

相关阅读：

3.小提琴家：你应该拔掉管子吗？

24.特例：医生、良心和面纱

33.现代社会的野蛮人

8.我们即将涉及的业务——从军火交易到沙发制造

【知识】

2

伊莎贝拉的困惑

人们的某些雕像不是静止不动的，而是跳跃的，是如此的活灵活现。在希腊神话中，戴达罗斯所刻的雕像就是这样，因为他是一位有着如此精湛技艺的雕刻家。苏格拉底讲述戴达罗斯所刻的雕像如何像逃亡的奴隶一样逃跑（揭示了一些社会性兴趣），当然，除非将他们捆住。

在对认知的沉思中，让我们记住以上的观点。

你正走在乡村小路上，伊莎贝拉正盯着田地，看到一只不知道什么动物，说道："啊，那儿有一头驴子在田地里吃草。"你并不感兴趣，然而还是尽量故作礼貌地喃喃道："我不知道你知道这么多农事。"你希望关于驴子的话题不要驱散了通过散步来达到的预期浪漫。

现在，伊莎贝拉需要弄清楚的是那头驴子是否在吃草，或者，就此而言，就她的情况而言，不能就说她是一个有认知的人。顺便提一下，我们假设伊莎贝拉是由衷地在说那句话，那么，我们相信她所说的，并且所说也的确是事实。田地里确实真就有一头驴子在吃草。换句话说，伊莎贝拉怀有真正的信念；但是，真正的信念就等同于认知吗？我们能否在场景中加入一些元素，以证明真正的信念可能并不因此就是认知？

认知和真正的信念有什么区别呢？为什么认知要比真正的信念更重要？

伊莎贝拉盯着那只动物。事实上，那只动物并不是头驴子而是只山羊。然而，伊莎贝拉所说的田地里有一头驴子，是事实。因为，一头驴子潜伏在了看不见的角落里，但是她并不知道。伊莎贝拉说对了，但只是靠运气。她不知道那儿有头驴子，她只是把那只山羊当成了驴子。

这或许暗示，伊莎贝拉如果知道那儿有头驴子，那么，在解释她为什么那样说时，驴子需要起到重要作用。可是，如果我们问她，她会指着那只山羊来证明她所说的有头驴子，这算不上一个好的证明。对于她所看到的生物所产生的错误理解，是她说那儿有头驴子的原因；但是田地里的驴子与她思想里认为的有头驴子没什么关系。她没将注意力放在驴子身上。

现在，我们往更深处发掘，让我们考虑一下以下这种场景，有关哈罗德·品特的真实场景。

品特受他的岳父朗福德勋爵之邀，在上议院参加午宴。很多勋爵和伯爵都和品特聊天。出生在哈克尼区，一个犹太裁缝的儿子，品特在伦敦东区长大，并成为小有名气的剧作家。“你了解你正在喝的这杯葡萄酒吗？”一个叫唐纳森的勋爵问道。“Dao 1963。”品特回答道，虽然他并没看到酒瓶，也没人告诉过他是什么酒。服务生被叫了过来。经他确认确实是Dao 1963。勋爵们由此对品特的见多识广印象尤为深刻：或许他只是一个剧作家，但他还是个很不错的葡萄酒鉴别师。

在我们的例子中，品特将注意力放在葡萄酒上。他当时并没有品尝其他的葡萄酒，也没有将其误认作Dao 1963。之前他曾喝过一种葡萄酒叫Dao 1963；但是，后来他承认，他也就只知道Dao 1963这一种葡萄酒。无论喝哪种葡萄酒，别人问，他都说是Dao 1963。就像伊莎贝拉一样，品特也是碰运气说对了。

伊莎贝拉和品特的小故事，向我们展示了凭借运气而不是所拥有的认知，我们所能到达事实的两种不同方式。

可能认知比真正的信念更广博一些，因为它需要将信念和信念成真者联系在一起。引用苏格拉底在本章最开头的一句话，真正的信念需要被约束住。

实现约束，就得通过那个对于他们所说的话能够给出充分理由的个体来实现，或者通过所信之物与成真者之间已有的外部关联。

让我们把伊莎贝拉放在一个不同的场景下考虑。她一开始并没有看到驴子（也没看到山羊），结果，她说“那儿有一头驴子”。那么，她所看到的（驴子）是用来解释她为什么认为那儿有驴子。在她所认为的和什么使她认为是那样的之间存在一种因果关系。这个故事中的驴子对于解释她如何产生某些视觉感觉，而这些视觉感觉又使得她相信，起着非常重要的作用。确实，伊莎贝拉能够证明她所相信的。她能指着那头驴子，诚实地说“我能看到一头驴子正在那儿”。

在这种场景下，我们的伊莎贝拉知道有一头驴子正在她前面吗？嗯，确实有一头。她认为那儿有一头，并且驴子对于她为什么产生那种信念起着非常重要的作用。可是，我们让伊莎贝拉更专心地环顾一下四周。现在，她看到了那只山羊，非常严肃地说道：“啊，还有一头驴子。”试想一下，她继续往前走，拐到那个角落里时，说道：“还有一头驴子。”但是，她现在正在看着的是一只绵羊。说是看到了一头驴子并且被证实确实是驴子，在这种情况下，只能说是她走运。然而，现在很明显，她竟然分不清驴子、山羊和绵羊。

现在，一个有趣的结论是，即使伊莎贝拉不往前走，在山羊和绵羊的判别上也不出现错误，她仍然缺乏起初的有关驴子的认知。这主要是由以下原因所致：假如她被问起其他两种生物，山羊和绵羊，她会说那两种生物都是驴子。在那两种生物中，她无法作出辨别，这正如品特无法区分葡萄酒的种类一样。在这种生物物种上，她很容易犯错。

我们故事中讲到的伊莎贝拉和品特，他们都缺少认识，因为他们对相关事物的信念不可靠。如果被要求鉴别葡萄酒，品特会是一个不可靠的向导。如果你从伊莎贝拉那儿订购一头驴子，那么，你最后所获得将会是一只山羊或是绵羊，这很明显，伊莎贝拉不可信赖。

认知要求在对于疑惑中的事物，那些知道的人可以信赖：他们需要可靠正确，虽然并不要求完全绝对地如此。恰恰是这“可靠正确”的特点使得认知如此有价值。加入要求绝对性，那么，认知将变成一种意愿或一种虚幻的目标。此时此刻，对于我朋友佩勒姆的认知，不要求我拥有那种能力，一种把他和假的佩勒姆区分开来的能力。我们假设这种情况是确实存在的，或者从一对双胞胎中将他辨别出来，只不过双胞胎的另一个来自另一个星球。

一个好的向导知道如何找到正确出路；一个葡萄酒鉴赏家知道如何将1963和1973葡萄酒区分开来；伊莎贝拉，如果在动物方面知识渊博，最起码能够把绵羊区别于山羊，也区别于驴子。

相关阅读：

14.教化：我的信仰错了吗？

21.“没人”又是谁？

30.哲学的谜团——从“我思故我在”到一点语法

【权利】

3
小提琴家：你应该拔掉管子吗？

在一个平凡的周一，你一觉醒来，突然发现这个周一是那么的不平凡。一根管子由你的身体延展至几英尺外的一个陌生男子身上。原来是一个小提琴家，塞进了你的淋巴系统。

虽然这个故事很奇怪，但它的进行与每一天都有着诸多关联。在我们开始讲这个故事之前，先让我们卖个关子。

小提琴家是怎么样被塞进你的身体里的呢？哦，或许你在医院接受某种辅助测试。在你入睡期间，小提琴家被急匆匆推进了你的病房，而这，发生在你毫无意识的情况下。医生们知道拯救他的唯一办法就是把他的系统转移至你的系统里。你的淋巴系统中含有一种罕见的物质，这种物质对于维系小提琴家的生命至关重要，这种情况对小提琴家来说是幸运的，但之于你，则是不幸的。小提琴家借用你的系统并不危及你的健康；但是，在管子接通期间，你的生活多少有些不便。小提琴家会跟着你到任何地方，而这，很容易给你的社会生活、个人生活和浪漫生活带来难堪。

就在这时，小提琴家坐在你身旁。只要他保持接通，他的状况就很好。你轻轻摇动那根连着你和他身体的管子。他很清楚，拔掉那根管子，对你来说，轻而易举。那样的话，一切都将有利于你；对他来说，都将是不利。他会死去，可能是一种很可怕的死法。为了继续生存，他需要你。

可以理解，那个小提琴家请求你不要拔掉管子。对他来说，这是生死攸关的事情。对于你，是便与不便的事情。可是，也还有其他一些因素。他没有权利使用你的身体。他有权利吗？他当然有生存的权利。如果拔掉管子，你将会侵犯他的那种权利吗？毫无疑问，你会导致他的死亡。

拔掉管子是在你的权利范围之内吗？

一根绳子导向肯定的答案。在你的身体上，你并未赋予他任何权利，没有达成任何协议。可以这么说，他是侵入了你的身体；所以，你完全有权利驱逐他。他会因你的驱逐而死去，这也是真的会发生的。但那既不是你的本意，也不是你的错误。那只是你为了维护自己权利所造成的不幸后果。如果，他奇迹般地继续存活了，你应该也没有拒绝的理由。估计你会感到一种解脱。在拔掉他的管子的过程中，你的目的并不是想要杀死他。

我们对于以上的反应，或许会感到倒胃口。坚持最大可能地不使自己的权利遭到侵犯，你没有侵犯他生活的权利吗？假设在获得供应的药物之前，他仅仅是借用一天你的身体。坚持拔掉管子还在你的权利范围之内吗？

以上的想法产生两种基本的问题。一个问题关注的是在持有权利过程中会涉及到哪些因素，另一个则是关注道德层面的问题。

对于第一个问题，人们会毫不犹豫地说每个人都有生活的权利。但是，人们如果说每个人都有要求生活中任何东西的权利，那么，就会显得不那么毫不犹豫了。小提琴家有权利生活。他要求借用你的身体，但是，他没有权利要求那种使用权。数百万人遭受着会致命的营养失调和疾病，他们有权利生活。那他们因此有权，比如说，通过你给与的相关慈善来获取你的协助吗？有些人需要的是肾移植，那他有权要你的肾吗？虽然，你只需要一个就可以。我们把大量的金钱花在了奢侈品上：我们认为自己的钱，爱怎么花就怎么花，这是我们的权利；我们认为，我们的权利远比那些为维系生命的外人的要求来得重要得多。

“权利学说说来廉价：昂贵的东西为人们行使权利提供了手段。持有生活的权利，却不能实践他在别人身上的义务，从而将这种权利付诸实施，那么，这种权利也就没什么价值。”这对知道他们有生活的权利却无权获得我们为其保留的过多食物的饥饿者来说，可谓一种小小的安慰。

在宣讲更多有关权利话题的看法之前，让我们转入第二个问题，也就是道德层面的问题。尽管拔掉小提琴家的管子（结果导致他死亡）这种做法并不是侵犯小提琴家的权利，但如果你真的拔掉了，你不认为自己做错了吗？道德所加强的并非仅仅是权利，还有一些品质，如诚实、忠诚、善良、勇敢和宽恕。在我们这个小提琴家的故事里，一直坚持你的权利必定是残酷的。如果小提琴家只是借用你的身体一小时或也就几周的时间，不提供给他帮助就是恰当的做法吗？

当然，这有度和度的区别。如果接受小提琴家附着在你身上度过下半生，那么，你是相当的善良。毫无疑问，道德并不要求这种自我牺牲的特例。在那种情况下，或许小提琴家应该能够意识到他将带给你的负担，这种负担的不公平性，进而勇敢地走向自我牺牲之路。回想一下，1912年斯哥特南极大冒险中的奥兹船长。为避免成为负担，奥兹船长从帐篷里爬出，面对暴风雪，说了一句著名的话“我只是走到外面，或许只呆一会儿”。没有人有权要求那种纯粹的牺牲，但是奥兹船长做对了。

小提琴家、奥兹船长以及很多其他的例子提醒了我们，并不是所有道德上的犹豫都会蜕变为与“权利”相抗衡。道德上的犹豫可能滋生于每个角落，这种滋生使得道德陷入一团糟。举个例子，你可能会认为小提琴家的价值上有很多不确定因素，不只对他自己而言，对整个社会也是这样。假如那个小提琴家是一个令人讨厌的演奏者，是一个堕落的瘾君子，你可能会认为与其让他借用你的身体还不如你来做一个著名的小提琴家，带给人一场印象深刻的死亡事件。想一下，你的态度会作何改变，取决于小提琴家是一个偷盗又暴打妻子的人，还是一个能够救死扶伤的外科大夫。然而，我们所坚持拯救的道德中的因素应该影响到那些人对社会群体的价值吗?

权利有微不足道和意义重大之分。微不足道到触手可得，而又意义重大到人命关天。从生存的权利到休产假的权利，联合国看似已经发掘出广泛的权利。这表明一种危险，如果没有关联，权利一说会如何贬值。某些基本道德准则，看起来可以作为道德权利的论证理由。很显然，我们能接受杀害他人是不对的这种说法，也正是这种看法能够直接论证“生存之权利”。相比较而言，如果要证明产假是一项重要“权利”，需要提出很多的理由。

在道德犹豫的状态下，接受那种“权利”说强调道德原则为基本准则，为王牌。这些困惑的根源仍旧存在疑问。一些哲学家辩论说有一种“自然”的权利存在，这种权利由自然而发，或因上帝慈悲而生，或由我们人类自然而生。杰里米·边沁，一位19世纪的思想家，提出了极富嘲讽的观点，他认为这种说法就是“站在高跷上胡扯”。然而，边沁拥护功利主义原则，那就是我们应该最大限度地寻求最多的快乐。现在，那种原则被神不知鬼不觉地植入自然界中了吗？难道它就是站在自然的高跷上，而不是上帝的高跷上的胡扯吗?

假设通过管子将你和小提琴家连接，年复一年，这样小提琴家能够继续生存，那么，这会将总体快乐最大化。我们一定还是质疑，不论小提琴家演奏得多好，道德是否能够要求你用那种方式来作自我牺牲。

相关阅读：

24.特例：医生、良心和面纱

22.青蛙和蝎子

28.好的惩罚如何成为糟糕的惩罚，非常糟糕的惩罚

10.不幸、幸运和幸灾乐祸

4
减肥与奶油面包的诱惑

当简吃着大大的奶油面包时，她继续坚持节食计划的新年愿望有了些面包大小的缺憾。她知道计划好的节食对她的健康有好处，但是当面对奶油和面包时，她变得那么不堪一击。她展露出了意志上的弱点。她是意志薄弱者。

正如人们平常所说的，事实胜于雄辩。简紧攥着面包吃的动作一定暗示说，在紧攥的那一刻，她的信念是，再怎么说，一块面包不会有什么明显的坏处。她一定说服自己，不管怎么说，对她来说，此时此刻，吃面包是最该做的事情。如果她不这样找理由说服自己，她就不会向诱惑低头。

然而，挺矛盾的是，事实胜于雄辩的想法可以左右意志的薄弱点，甚至意志的可能性。当我们的行动无拘无束时，不论我们做什么，都能展示出我们将其发挥到极致。或者正如苏格拉底两千年前论证的一样：

“没有人明知道，还愿意去做错误的事情。”很明显，在我们想要做到最好的事情上面，我们可能也会犯错误；但是，受环境影响，我们常常做想要做到最好的事情。嗯，这就是问题中心所在。

简真切地感受到，为了她的身体健康，她需要减肥，这是事实；她想要苗条，这是事实；她清楚地知道大块的奶油面包对于减肥计划无任何帮助，这也是事实。但是，与这些考虑相悖的是她想要立即大吃奶油的快感，以及她以为一块面包不会破坏她的减肥计划的信念。所以，即便将所有事情都考虑进去，但考虑到她的欲望和信念，她必然采取理性的行动，并且一点不暴露意志的薄弱点。然而，这种说法对吗？意志的薄弱点能这么轻易地给人以错觉吗？

每天的生活经历告诉我们经常会遭受意志的薄弱点，而对于每天的生活经历，我们都会问那个问题。为了第二天早上的考试，我们可能非常想通宵学习。可是，我们没有这么做，而是碰见了朋友，一起去打了斯诺克台球。我们知道可能会开车，所以不应该喝酒，可是不久却发现已经手握酒瓶喝起来了。然而，如果意志的薄弱点真的发生了，如果不是基于他们信念和欲望的意图，又是什么使人们产生驱动力呢？如果不会有意志的薄弱点，对于那些看似意志的薄弱点的实例，我们又应该作出怎样的合理解释呢？

意志薄弱点是如何产生的？

意志薄弱点的情况（或者说可以看作意志薄弱点的情况）与强制力之下个体所采取的行动这种情况不同。如果简被强迫去吃面包，那么，很明显，这不能显示出在她身上的意志薄弱点。如果简的头脑遭受一种强制性紊乱，她没办法拒绝面包，那么，这不是意志力不够。意志力薄弱指的是这种，看起来，个体能够抵抗所有应该抵抗的东西（暴饮暴食、欲望和懒惰），然而，他们却没有抵挡住。

还是说简这个意志薄弱的人，以下的绝对是事实。她真的想在节食上严格克制自己；她认识到现在的一块小面包会很容易突然给她带来滑坡效应使得她吃得更多。更进一步，她真心地想要保持这个节食的事情。然而，她仍然选择吃完面包，好好享受奶油。在节食这件事情上，她没能按照她的信念和欲望来：她逆从了自己更好的判断力。她本应该锻炼一下自己的自我控制能力，可是，她没有这么做。那就是意志的薄弱点占了上风。这有时候也被称为意志力薄弱：克雷多斯（kratos）作为希腊人权力的象征，阿克瑞西（akrasia）作为权力的对立面，多少有点不漂亮，这还被称为“无节制”。

简的做法，比如说很多的哲学家，如果不从她的信念和欲望着手，都解释不了的。如果是这样，当简最终选择面包的时候，我们或许应该修正我们对她真正的决心的理解。

比如说，苏格拉底式方法持这么一种看法，那就是面包会导致简变成目光短浅的人，可以这么比喻说：她无法足够清楚将来身体健康的重要性，那太远了。将来身体健康的重要性与眼前吃奶油带来快乐的重要性相比，显得微乎其微。所以说，不论简怎么作出她节食的承诺，她目前的真实想法都是立马吃了面包远比不吃好得多。

怀着同样的心情，另外一个建议是虽然简真的认为坚持节食很重要，但这是有条件的，那就是需要由环境决定。恰恰是在那种环境下，一块面包就放在她眼前，那她现在就认为吃了总比不吃好。当然，事后她可能也会后悔没能抵抗住面包的诱惑。

对以上说法，存在一个很简单的挑战。除了试图通过解释来消除意志的薄弱点是虚假的，我们为什么必须坚持这种观点，那就是简认为在这种场合下吃面包比不吃要好？确实，她或许认为“仅仅一块面包”，无所谓的；但是，她也可能坚持认为自己明明知道不仅仅会吃那么一块：这可能是她最真切的信念。开车之前又喝了酒的那个人也可能认识到需要承担的事故的风险；如果是这样，那他就是不考虑后果，而不是意志力薄弱。可是，也可能他没有这种想法。他的想法可能是他不应该又喝了酒，而不是不应该喝酒。对我们来说，毫无疑问，没有经历过这种意志的薄弱。可估计的判断（我们认为最好的以及我们产生的目的意图）并不总是和我们的激发性力量相均衡。

意图，不管是好的还是坏的，无法促使事情完成。仅仅因为我想做件事，接下来就做完了，这是不可能的。我需要将意图付诸行动。意志的薄弱点发生在我无法将最好的意图付诸行动的时候，所以，这就是所说的中介物质的不合理状态。对于那种不合理有多么好的解释，仍然无法清楚地得知。给出的例子都是作为内心的自我（欲望与理性和责任发生了矛盾），但是，这些例子也给他们自己带来了困惑。哪一部分的自我，是我最乐于认可的呢？确实，什么东西或什么人，是在矛盾中间作出判定的那个“我”呢？

考虑到什么因素，我们才判定某件事物是“好”的，这个问题，我们故意卖了个关子。我们可能单纯因为考虑到自我的利益而判定什么是好的；但是，我们可能也会考虑到我们的责任，考虑到道德的意旨，或者因为那个原因，考虑到我们在某一方面的承诺所引起的相应要求。当中介物质意识到，比如说，她真的应该帮助困境中的儿童或者应该谴责某些欺诈性的行为，然而，她却没有那么做，这时，意志的薄弱点会很容易显现出来。正如简无法坚持她所认为的对健康最好的做法，是屈从于那块面包。所以说，我们经常无法坚持我们所真正认为正确的事情，而是屈服转而追求自我利益。我们确实是一类很软弱的生物。

“意志薄弱点”中的“弱点”暗示了它绝不会被提倡。现在，当个体的性格特点发展得如此弱以至于他们无法跟随他们真正的意念，无法坚持他们的原则时，我们就会慢慢对他们失去尊重。但是，如果他们就是意志力薄弱，有时候这对于别人，甚至对于他们自己，或许会最好。假如对于那些坚信种族灭绝的人来说，他们的意志力薄弱，如果对他们的信念不坚信，他们会被人性、同情和感情所驱逐。

相关阅读：

1.好人古德曼的两难选择

26.偏好：避免金钱流失

19.羊驼会坠入爱河吗?

12.流产：为了生出健康的孩子

【美学/伦理学】

5
"但这是艺术，亲爱的玛蒂尔达阿姨"

那不是我的错。玛蒂尔达阿姨，我那上了年纪的阿姨，她想到美术馆转转，但是我知道去那儿可能会不太顺利。埃里克·吉尔雕刻的性征展露无遗的一个被钉在十字架上的缩小版基督紧挨着一个裸体的艳丽女人，这怎么能称得上是艺术？阿姨看到这，觉得特别恶心。当她偶然看到备受追捧的罗伯特·梅普尔索普拍摄的作品中清楚展现的同性恋行为时，她差点儿就叫了警察。后来，她又碰见了一些吉尔伯特和乔治的平面美术作品，猥琐的，带有种族歧视的措辞。更糟的是，她立刻得知了一些艺术家所使用的资料。她简直震惊了。

玛蒂尔达阿姨的反应引发了一个问题，那就是对艺术来说，是否一切都行得通。为艺术而艺术，据说，艺术应根据自己的标准进行评判。

对一些事情，仅仅一提，可能会显得不恰当、不合礼仪。不管你认为逝者多么声名狼藉，在他的墓旁跟他的家人提及那些，也是不恰当、

不友好的。当恩格斯的妻子死时，因为马克思的一时考虑不周详，在他慰问时，突然转到了货币信贷的要求。还有当与刚在战场上死去的人的家人说话时，问到有关那些战争的意义就会是个敏感话题。在一些场合下，有些是不该说或不该做的。当然，在其他一些场合下，同样一句话或同样一件事又正好是可以说或做的。或许逝者应该被曝光；对战争的评判或许本应该有所挑战。

现在的困惑是艺术家是否应该“以艺术之名”被允许做任何事情，不管那些事情多么有争议、多么下流，甚至违法。曾经，在英国，张伯伦勋爵力图禁止一些特定的展示和作品出现在美术馆、舞台上或是在书中。在今天，各种的专制制度审查着艺术。即便是最宽容的社会，当然，也要求有审查制度。举个例子，比如防止个体受到伤害，防止某些特定团体受到迫害。对于煽动性言论、种族主义和性别歧视主义言论，有法律来进行抵制。可是，艺术就应该免禁吗？就应该是一种置身于风俗、道德或法律的庇护下的禁令吗？

艺术应该被围墙保护吗？

围墙保护很明显在某些领域是行不通的。“以艺术之名”不可作为现实生活中谋杀、盗窃和欺诈性投资活动的辩解。这类活动典型地具有不正当性，尽管它们的实施被冒名以艺术的目的，尽管刀痕所展示出的是给人以美感的和谐形象。偷盗者像是跳芭蕾一样实施他们的盗窃行为，欺诈性行为又涉及到一些优秀作品。把这些案例先放在一边，我们对玛蒂尔达阿姨又作何评论呢？玛蒂尔达认为，那些艺术表现(亵渎神明、猥琐的行为和种族歧视)是被错误地保护了。是她思路狭窄、与外界隔绝、反应消极吗？

对于玛蒂尔达阿姨来说，自然的反应是艺术设计形式、结构和激起的美感，这的确是“为艺术而艺术”。内容不需要很重要，但是表达内容的方法应该很重要。然而，对基督被钉在十字架上、对战争的荣耀所进行的描绘和文字描述可以成为优美的、惊人的作品。一度的禁书，比如劳伦斯的《查泰莱夫人的情人》就是一部以其方式和语言而产生重要意义的著作。艺术，可以说并不是为引起政治变化而存在的。实际上，它常常被限制在一些神圣光环下的“美术馆”或者“图书馆”这些地方。对于那些可能受到冒犯的脆弱灵魂，他们需要做的就是既不进美术馆也不打开书。

玛蒂尔达阿姨的另外一个自然反应是在与第一个反应相反的基础上产生。尽管在艺术以其形式而被推崇的地方，也只是出于能够引起煽动性和引起变化。想起毕加索的作品《格尔尼卡》，象征了西班牙内战和独裁专政的恐怖。艺术会对现有的法律和条例及急剧的社会变化进行质疑，常常是为引发更好的法律条例和社会变化。这就是为什么尽管具有种族歧视、猥琐或者挑战当今的信仰的特点，艺术还是应该被保护。

第二个反应正好承认了艺术有时候能够流行，会流行，也应该流行。但是论证这一论点的理由是无力的。之所以无力，是因为，同样地，我们可以论证社会暴乱具有煽动性，可以论证质疑现行法律有时是为了实行更好的法律。这就是加深种族歧视或者猥亵行为的社会暴乱值得保护的原因。或许艺术和社会暴乱的类比可以被驳回。社会暴乱能直接危害他人，这就是要抵制这种暴乱的原因。用来看的艺术、用来听的歌剧、用来读的书籍，这些更像是一个有着高尚讨论的论坛。嗯，所以，它可以被论证，只是论证得不够充分。

即便是示威者高呼种族观念的有序示威游行，即便是无直接危害性的性放荡，目前在英国也是非法的。然而当类似的种族歧视或性特征发生在美术馆的时候，嗯，这种是可以逃避禁令的。可能有必要选定一些特定的公共场所来展示目前所不能接受的东西，甚至使那些不可接受的东西被接受。可能艺术为此提供了遮挡物。可是，艺术自由的钟爱者对那种对自由的冒犯会很不高兴，而那种冒犯指的是允许人们发脾气的行为。

这又引起了“什么是艺术？”这种微妙的困惑。如果我们不能将艺术与种族歧视相区分，进而，如果对艺术来说“什么都可以”，那么，不论示威者是否穿短裙示威还是跳着舞示威，“什么都可以”也将适用于示威游行。

人们常常将责任推给美术馆馆长来决定什么是艺术，但是，馆长怎么决定呢？假设一些“美术馆”展示的仅仅是美化希特勒和大屠杀的绘画、雕刻以及电影作品。假设没有美学讽刺，我们应该大胆认为一些政治领导人现在已经在入口处有了一个新的划定。假设一个新的“美术馆”提升了一些绘画作品，那些作品表达着女人不如男人的思想。对信徒来说，他们杀死了无信仰者。对他们来说，新的“美术馆”是一个永恒的天堂。那就意味着借一种极端的宗教派别来试图提升它本身的想法。如果艺术允许有一种特殊身份，那么这些例子提醒我们，去判定什么样的事物可算作艺术很重要。

大概馆长应该展示一些好的艺术。或许以上假设的美术馆，用以展示美化压迫的作品，没有必要用以展览不好的艺术。然而，尽管艺术美化了那些道德上声名狼藉的方面，那它就不具备美学价值吗？

当评价一幅绘画作品时，你会被作品的基调和色彩所吸引，然而，却发现外形对于画本身所要表达的含义来说太不协调而且参差不齐。确实，这种不协调和参差不齐或许严重到使你无法正确地欣赏色调的协调一致。所以，也一样，一幅画作能以它的色调和颜色吸引你注意，然而因为它所代表的含义（对反犹太主义的美化以及对妇女的诋毁）是你所憎恶的，这幅画作也就难登美感之堂。对你来说，它是一个败笔。然而，那些共享绘画本身的道德立场的观赏人可能会比较看重它的形式以及由它所引发的感情。注意，对于它所能带来的东西这上面的承诺可能会受高度关注，这种承诺可能也会如此刺激以至于观赏者看不到绘画本身的美学价值。

对于以上考虑，它们还未帮我们在可接受的艺术和不可接受的艺术之间划定界限，其原因可能是它们之间本来就没有线索可寻。我们需要忍受诸多的受质疑的艺术，仅仅在一些严重性煽动危害很可能要发生时支持强权，从而度过难关。可是，我们可能自问对于那些彰显猥琐的或者道德声名狼藉的艺术作品，我们应该作何反应。你认为你会有什么反应？

如果在某些特定场合下，你真正的答案是“反驳”，那么这表明你是属于正派的人。可是，这也表明在将美学价值与道德价值区分出来方面，你是失败的。这或许也表明你意识不到一件事物可以同时具有吸引力又被反驳。比如，一件事物以及同一件工作因它的形式实施而具吸引力，又因它的内容和目的而遭人反驳。如果没有这种失误，出于它本身之美，你可能非常想拥有这幅极具争议性的画作。然而，不论画作的形式和绘画多么好，选择在家里悬挂那种以种族歧视主义和猥亵的语言来美化种族灭绝和奴隶制度的画作，难道那不能说明你所不想说的问题吗？

相关阅读：

24.特例：医生、良心和面纱

22.青蛙和蝎子

17.一样的音乐，不一样的心情

【道德伦理学/逻辑】

6

谦虚和羞愧：猫和老鼠的故事

“认识你自己”，古希腊哲学家苏格拉底所说，援引自德尔斐神谕中的禁令。我们中的很多人因为害怕我们可能揭露的东西，从而在执行过程中犹豫到底应不应该遵守。而仍然有些情况我们不能遵守，或者说看起来不能遵守，不用丢掉我们的性格，我们也有可能乐于去揭露。巧合的是，在德尔斐餐馆中一只猫和一只老鼠充满争执的辩论，恰恰也反映了这个问题。

克莱迪奥（猫）：我敢打赌你特别想成为我。感受一下我如丝般毛茸茸的外套，是的，我刚刚赢得了国际猫科选美大赛的冠军。我曾说过我是怎么样以“暗夜里的徘徊——在苏格拉底身上的反思”这个论文获得青睐的吗？在这场马拉松中，我还……

米娜（老鼠）：噢，天呢，克莱迪奥，你是这么不谦虚，大话连篇，难道你就不能谦虚点儿？

克莱迪奥：不谦虚没什么错啊，毕竟，我只是照实说。没必要把光线藏在谷斗下面或者老鼠洞里（意思是没必要过分谦虚）。你要以我为榜样，米娜。确实，你只是一只小老鼠，但是我听小道消息说你也是成就非凡啊。你是房间里、酒馆里跑得最快的老鼠……

米娜：那没什么，比赛本身就不怎么强……

克莱迪奥：我听说的不是那样，米娜。你曾做过猫鼠和谐相处计划。还有，你在帮助老鼠寻找避难所方面，表现也很优秀，还有……

米娜：但是那些是任何一只老鼠都会做的……

克莱迪奥：米娜，你知道吗，你最起码应该承认在谦虚这一点上，你非常优秀。

米娜：我不是谦虚，我只是照实说。

不谦虚的克莱迪奥是照实说。按照他所说的，他不谦虚。但是他也仅仅是在高度评价自己和为自我感到骄傲方面不谦虚。克莱迪奥知道自己不谦虚，但是老鼠米娜呢？当然，米娜听起来感觉她很谦虚，那么，我们也假定她确实很谦虚。那为什么她自己承认自己很谦虚就这么难呢？

谦虚的人知道他们自己谦虚吗？

我们可以得知我们善良或卑鄙，勇敢或胆小。我们可以得知我们自

负、骄傲或不谦虚，然而，我们能知道我们的谦虚之处吗？当然，这儿所说的谦虚，是有关于我们的成就、我们好的特点，而不是有关于拒绝炫耀我们暴露的身体。

采用矛盾说法，谦虚的矛盾说，如果我们知道自己是谦虚的，那么我们称不上谦虚。谦虚要求我们不高估自己的成就，但是它又不仅仅只要求这些。猫克莱迪奥可能在估量他的价值时是准确的，然而，很显然，那不是谦虚。看起来，谦虚需要我们低估我们的成就，降低我们的重要性，而又不是沉思后故意这样的。假如我们故意低估，意识到那是事实，我们应该算是错误地谦虚了：我们应该意识到自己的成就，然而又假装那些成就并没有那么重大。那将是佯装谦虚。

谦虚的个人，比如说米娜，真的认为她取得的成就没有事实上的重大。她认为她的善良或者大度，或者说是房间里或酒馆里跑得最快这个事实并不能使人印象深刻。很矛盾，当评价一个人的品质时，谦虚（通常作为一种美德），要求一些认真而又不好的评价。

假设谦虚的个人无法得知他们的谦虚，却说："我很谦虚。"这就像老鼠米娜不能意识到自己的谦虚一样。可是，其他人可以照实将她描述为是谦虚的，就像猫克莱迪奥所做的。很矛盾，猫克莱迪奥能说出米娜真实的一面，而米娜自己却不能对自己作出这样的评价。

以上说法有一个需要注意的地方。谦虚的个人可能跳出自己，偶尔对自己持一种超然的态度以此表现自己的谦虚。尽管事实是那样，是很难去除的，但在某些特定情况下，也很难有意识地贬低他们。一个颂扬谦虚的人（或者老鼠）真正做起来并不那么谦虚。

米娜：克莱迪奥，我原谅你的不谦虚，但是，我不确定哪天你追逐我的小伙伴时，我是否会原谅你。他们真的非常害怕。你感觉不到些许羞愧吗?

克莱迪奥：你这么问真是太搞笑了。是的，我感到羞愧，但是，能意识到那种羞愧，我对自我的感觉特别好，感觉自己是能为自己的追逐行为感到羞愧的那么一类猫。可是，那正好减弱了我的羞愧之心，所以，我为那种减弱感觉羞愧。但是接下来……

米娜：不要告诉我你因为自己是一类能为此感受到羞愧的猫而自我感觉良好。我想你最后又会开始产生不好的感觉，并且……

克莱迪奥：到了那时候，在好与坏之间来回摇摆，我是那么迷糊，嗯，我将一睡了却了这一切。

米娜可能不那么谦虚并且不能意识到她的谦虚。现在，克莱迪奥意识到了他的羞愧，而那种意识看起来又能去除他所有的羞愧，那么，由此我们会问这样一个问题：

如果沉思一下，我能否适当地感到羞愧呢？

当他们聪明地做出一些不好的事情时，敏感的个人一定会感到羞愧、自责或者后悔。而在感受羞愧之中，他们并不是像那些一点都不在乎的无耻之人那么糟糕。一旦敏感的个人意识到这一点，一个很矛盾的结果就是他们的羞愧之心的减弱，因为现在的他们会对自我的感觉稍好一些。

我们会继续下去。现在，对他们自我的感觉稍好一些，这些个人也会对产生的那种羞愧感觉稍好一些，因为它转移了他们对自己的所作所为感到不好的心情。并且，在这种新层面的羞愧之上，他们对自我的感觉又好了一些。以此继续。在感到羞愧的事情上，不论什么时候他们对自我的感觉都会好一些，进而步入新层面的羞愧；但是那种意识也会将他们带到另一个对本该感到羞愧的却自我感觉良好的层面。

对感情产生感情，没什么可以奇怪的。你可能感到疲倦，又对自己觉得疲倦感到生气。你可能因为难堪而脸红，又会因脸红而感觉难堪，如此一来，更觉脸红了。对于你的感情的暴露，也没有什么可奇怪的。在暴露的过程中（人类的心理即是如此），你可能不会在那些你所暴露的感情上面直接产生新的感情。根据一些临床医学家所说，这就是为什么说情感可以减弱你在他们身上的直接干涉从而降低他们的紧张度的一个原因。可是，羞愧这个困惑，并不在于简单地分散注意力。

经过考虑，感到羞愧的克莱迪奥意识到在他能感受到羞愧这件事情上，他还是有一些优秀品德的。结果是，在对于使他感到羞愧的事情上，他不可能将全部注意力放到他的不好上。尽管他看起来对坏有一定的理解掌握，但他对于能感受到羞愧这个品德的考虑使得自己的坏大大减小。那是因为他现在认识到自己有感受到羞愧的值得赞美的品格特点。而他很显然可能羞愧于他是怎样以那种方式降低自己的不好之处。所以这样，他不断地继续羞愧，又不断地降低羞愧，从而使自己螺旋上升。

持续的羞愧感，克莱迪奥无法体会到，因为如果他看似产生了羞愧感，那么实际也就摆脱了这种羞愧感。当然，其他人可能知道他真的为他的行为感到羞愧，也因为他这样，而博得了一些赞赏。但是，如果没有羞愧之心的摇摆不定，这些是他所不知道的。

“认识你自己”这句话说得很好，但是，苏格拉底或许也暗含我们自己身上有好的方面（为人谦虚，有羞愧之心），而对于这个问题，不进行仔细考虑为妙。苏格拉底声称只了解他的忽视，但是在促使人们对悬之未决的问题产生苦恼方面，苏格拉底是一个哲学牛虻（令人讨厌的人），一个令人质疑的无羞愧、不谦虚的人，这种人如此善于揭穿他人的不谦虚。

相关阅读：

23.奶油与哲学家

26.偏好：避免金钱流失

13.纸牌高手——沙漠中的骆驼

15.小丑、伯特兰·罗素和悖论

【理性】

7
瓶中的怪兽——待售

请允许我向你们介绍艾普小姐。她是一个有着巨大力量的妖怪，就生活在你面前的这个瓶子里。虽然带有“买家请当心”的标识牌，但还是需要解释一下，这是她第一次进入这个市场待售。如果购买了她，所有你想要的她都能直接带给你，不管是名誉和财富，性和成功，或仅仅只是打理花园这样一种舒适的生活。据说这是真的。而且，她的售价随你叫，想多少钱买就多少钱买。艾普小姐会带给你任何你想要的东西。所以，你现在甚至都不用花一分钱。如果说是一张借据，也是很乐意接受的。一旦你拥有了她，她将用魔法支付你想要的任何数额。

现在，让我们看看这所谓的“当心”。有个障碍和警告在于不论是谁拥有了艾普，必须只能是在一定的阶段，为了避免永久的折磨和诅咒，需要以比他或她的购买价更低的价格将她出售出去。每个潜在的购买者必须被告知这一情况。记住所有这些，那么你会花多少钱买艾普小姐呢？

很明显，你不会以最低单位的价位，比如说一便士或是一分来购买。你无法再以比那更低的价格来出售，那样你会永远地被诅咒。（然而，我们假设你和其他人不会被诅咒。）你愿意花两便士或是两分来购买她吗？那么，在某种意义上来说，你之后不得不以一便士或是一分来出售她。但是，那个潜在的购买者以一便士或是一分来购买她，这会使购买者疯掉的，因为，这怎么再继续出售艾普呢？

当然，你可以冒个险（一个很大的风险？），花1000英镑购买她，想想这样就会有人给你999英镑来从你手上买走她，因为对那个人来说，他/她会想到之后会有人准备998英镑来从他/她手上购买。以此类推……但是不是“如此等等”。如果（只是如果）所有可能的购买者都是理性的，眼光都是长远的，没有永久折磨的想法，那么，不论出多高的价位，看起来似乎都没有人会买艾普小姐。

正如很多哲学悖论一样，经过一小下思考之后，我们被一个故事引入圈套之中。确实，如果目前有任何人买了艾普小姐（你为什么看着我呢？），那么他就已经被引入圈套。

你可能会认为，这个故事太疯狂。但那又有什么关系呢？嗯，它引起了这样一个问题，理性地看待问题能看多远。有了瓶中怪兽，我们偶尔会“理性”，会“目光长远”，最终得出这样一个结论，那就是花一百万英镑买艾普小姐简直是疯了。之所以说这种行为疯狂，那是因为这样下去，有人会清楚地意识到，不可能只是为了一便士或是一分钱而去出售她。但是，提前考虑这个问题是理性的吗？

考虑未来值多少钱是理性的吗？

事实上，花一百万英镑购买艾普小姐是不是不理性的呢？别忘了，你所进行的是交易，花钱买了艾普，她就能给你用魔法带来那一百万英镑。如果你纠结于花一百万英镑来购买艾普小姐是否理性，那么，其他人可能认为花999999英镑从你手上买走她也是合理的。别人之所以那样认为的依据也就是你花了一百万英镑买了艾普小姐这件事：那个购买者会想他能继续以999998英镑的价格出售。在一百万英镑和999998英镑之间，其差别完全可以忽略不计。有趣的是，其他人怎么看待这个合理性（以及什么会终止这种合理性），部分原因在于其他人怎么考虑这个理性。当然，当我们预想艾普小姐会以越来越低的价格被出售出去时，我们开始越来越不确定最终是否会有“理性”的购买者。

如果你想成为艾普的购买者，你就需要考虑到其他的人也会出钱购买。换句话说，你应该从反方向考虑你的需求。例如，如果你想成为古代神社上的教士，你就需要将你的前任杀害。假如你认为步入教士之列是理性的，那么，如果其他人也以你为例，你也将会冒性命之险。

艾普的故事使我们考虑，对未来的考虑应该多大程度地影响我们今天的行为。人们为度假而将时间累积起来，但是如果他们将时间积到下一年，那么，他们会享受到更好的假期。假设你现在有一瓶陈年老酒，为什么不等到明年（后年，或者更往后的时候）来喝呢？当然，我们可以辨认出不确定性的变化程度，比如说瓶子破碎的风险，但是，这种未来的不确定性是影响我们往前走的唯一因素吗？

如果五年以后你喝了那瓶酒，你会后悔没有等到六年以后喝，到那时候喝起来会更爽口。假如酒的品质可以无限提升，假如你长生不老，你也就永远不会喝那瓶酒。如果你知道之后你会后悔不理性地做出一些事，你永远不会喝那瓶酒。并且如果你认为你应该将满足最大化，你会后悔喝了那瓶酒。可是，也就是那种想法，那种观点，是一种误解。

在此有一个很通俗的例子。人们知道有既快捷又便宜的电脑。如果那种想法占据他们的思维，他们会推迟购买电脑的时间至永久。他们常常会想着下一年会有更好的买卖。寻求理想化（不管是一台电脑，最好的酒，还是最好的恋人）不仅仅会导致无理想可寻，还会致使丧失享受美好事物的机会。概括来讲，要紧的是现在的“好”和以后的“更好”。

想一下你现在要给一个慈善机构投资，比如说500英镑，从而拯救一些将要饿死的人们。这是件好事，但是可能延迟一下你的赠与会使得它更好。如果是以后进行捐赠，而由于在所投资的金钱上产生的回报，以及营养品包装成本方面可能的降低，会使所投资的钱救助更多的生命。如果更多的生命以那种方式获得拯救，你不应该为了将来对其他人的更好而让现在的人忍饥挨饿吗？但是，那“将来”可能永远不可能到来，因为在原则上，理由一次次被运用。

诸多例子显示，不论经济家们说什么，寻求满意的最大化常常是不理性的。理性，特别要求我们满足于足够好，满足于“满意”。关于我们自己，满意可能被看作使适度的优点多于贪心。关于给他人提供的帮助，表明我们被现在贫困的人们所触动，这个优点更甚于对未知的未来的人们的触动。

某些人将遥远的未来看得很重。臭氧层损耗、污染、核废弃物：人们对将来后代的担忧不断增加。那种担忧也是冒风险的，那就是（基于对后代人的可改变的造福规划）转移走现代人的资源，也得转移走现代人的注意力。进而，对于造福后代人的考虑鼓励我们对现行的社会政策作出改变。这种改变几乎都一定意味着出生在未来的个人会不同于那些已经出生了的人。很矛盾，未来的个体已受益于制造不同的未来个体这个政策，结果，却几乎没有给未出生的那些人带来任何好处。

为了遥远的未来和不确定的利益而现在就作出牺牲，不管是为了我们自己还是为了子孙后代，这种做法都是不理智的。这关系到一个度。但是，正如约翰-梅纳德·凯恩斯所嘲讽的，“最终，我们都会死去”。确实，凯恩斯没有永久的排成长队的诅咒，也没有艾普小姐的恩惠来构建他的深谋远虑。可是，他的嘲讽提醒了我们，我们是有限的人类，既没有完全的预知能力，也没有完全的理性。

因为我们是有限的，满足于那些即来的满意远比等待那些后来的更好的东西要理性得多。并且，等待最好的有可能意味着什么也等不着。

相关阅读：

12.流产：为了生出健康的孩子

13.纸牌高手——沙漠中的骆驼

32.长生不老也会有烦恼

【道德/法律】

8

我们即将涉及的业务
——从军火交易到沙发制造

“我们自然有最高的专业标准。”带着一副很深墨镜的女人微笑着说。

“当然，”丹不愿多说地含糊道，“但是你为什么要以好酒好菜来款待我呢？是不是有什么大型电视剧你想要我参加？”

“曝光率，”那个女人说道，“会是一个结果，很简单的一个结果，这就要看你今晚的决定了。”

丹误解了那些话的含义，当有带着一点醉意的性感女郎在他周围时，他常常变得精力不集中。

“是的，我们意识到了你的兴趣在朝鲜，在于帮助那些漂亮女孩入行。丹，你是个有趣的男人。我们的研究人员为你生活的每个方面所深深吸引。”

丹感到一下子清醒了。他现在集中了注意力，他的脸上白一阵儿，

红一阵儿，惶恐不安，又极度尴尬。

“但是，但是……但是……听着，现在……”

“不要担心。在这些军备合同上，你没做错任何事情。你个人的投资和极小的过失都与他人无关。那就是你想说的吗？我非常赞同。那就是我为什么邀请你过来。”

丹点点头，但是感到安慰提前到来了。

“请放心，丹，我公司是和你站在一边的。但是有些公司不是。在有关你生活的方面，报纸——恶言诽谤的破布已经为我们公司提供了大量指导性信息。从政治上来讲，你是个重要的野兽。现在，如果你想要了解给予我们捐赠的方式（这需要不小的一笔数额），我们敢保证媒体研究人员不会揭露任何事情。我们将给他们不同的追逐目标。”

“如果我不能承担这个，呃，呃，这个捐赠呢？”

“那么，到时，研究人员将不得不按他们的意思来行动。他们也仅仅是履行他们的工作职责。”

“但这是敲诈勒索。”丹像是气炸了，说道。

“现在，现在，丹。请注意你的语言。把这看作一个极大的机会。我们希望不久以后，社会会受到启发，意识到我们能自己组成一个敲诈勒索公司。我们的座右铭就是“我们掩盖你所揭示的”。关于生活，不论我们揭露的是什么，我们都将掩饰他们不被他人看见，如果是合适的捐赠。这是个很有价值的服务，我坚信你会同意的。”

敲诈勒索为什么错了？

敲诈是违法的，是不道德的，就像人们平常所说的一样。为什么呢？敲诈者提供给客户在其他地方所不能提供的机会。如果敲诈公司仅仅是泄露秘密，那么，被敲诈者确实是受害者，但是敲诈公司在公开和不公开之间可以提供有价值的选择。确实，选择不公开，就会有金钱上的花费；但是个人可以不捐赠，有选择公开的自由。可是，很多人宁愿选择捐赠，不公开。

让我们把注意力放在道德上。对于敲诈者提供的条件，两个因素是可以接受的，但要分人。曝光事实本身没有任何错。因某个人的利益而要求捐赠，这种行为也没有错。所以说，有理由证明在两个道德选择之间有可选择权的话，那肯定也是符合道德的。

我们可以迅速否定那个论证。在道德上，开车是被允许的，但是不包括在喝酒的情况下。人非常渴望亲吻，但是如果在一个吃了大蒜的聚会上，人们也就不那么渴望亲吻了。大笑完全可以，但如果在葬礼上大笑，就不那么可行了。喝酒、大蒜和大笑，它们本身都是可以被接受的，但是不能被关联在开车、亲吻和参加葬礼的场合下。在这种关联中，缺少对独立的部分的接受。对此，我们很容易解释原因。喝酒开车很危险；亲吻的一方吃了大蒜，这就要挑战另一方的感受了；在葬礼上大笑是对丧失亲人者的冒犯。

那么对于敲诈中的可被人接受的因素，是什么使得它本身在道德上不被允许呢？一个答案是，被敲诈者无法满足敲诈者的要求意味着就会被不想要的曝光所伤害。进一步讲，被敲诈者满足了敲诈者的要求，又会被流失金钱所伤害。可是，有那么多情况（看起来都是符合道德的）是两者的综合体。“如果你继续喝酒，我就和你离婚。”“如果我们拿不到奖金，我们就请辞出国工作。”“如果税收上涨，我们就去海外开办公司。”确实，在最近几年，考虑到银行业者，后两个例子已经为大众所憎恶，但是，资本主义社会的社会思潮是鼓励有效的经济竞争，包括在合法范围内将税务最小化。

解开敲诈困惑，我们必须抵制住这种看法，那就是如此爽快地接受敲诈的构成部分，对各自来说是为道德所允许的。关于丹，这个被敲诈者，我们想一下关于他的两个极端的情况。

这是一个极端。丹被牵涉到一些军火交易中，使得他遭到曝光。这种曝光将权限集中在了急需制止的法律漏洞上。确实，可能丹的活动已经构成违法。在这种情况下，敲诈是错误的，因为敲诈者正与丹密谋掩饰这些活动。敲诈者应该曝光这些活动而不是试图从掩饰这些活动中获得金钱上的好处。丹可能会花钱掩盖他的那些活动，但是，不管他会不会这样做，他都会暴露。

这是另一个极端。丹没有做过任何为公众感兴趣的事情。他被牵扯到一些令他自己难堪的私人性丑闻之中，如果被曝光（没人会因丑闻受伤害。在这种情况下，敲诈者就是正在试图从一些错误的事情上赚钱），可以说，公众会羞辱丹。当然，丹可能会为了避免难堪而用钱掩盖，但是，不管他是否这样做，他都会得到暴露。

在这两种情况下，通过掩盖所该揭露的事情或是通过威胁曝光那些不值得曝光的事情，敲诈者想要这样做都是错误的。那就是在不怎么极端的情况下，敲诈行为中的错误所在。可是，关于去做出正确的事情，这些情况下又可能是难以实现的。例如，第三方会发现有些教会人员与妓女有染，一些谴责毒品注射的政治领导人自己却又注射毒品。有些时候，揭露这些事情是正确的做法，而有的时候就不正确。选择曝光或不曝光，其动机不应该取决于曝光者潜在的金钱利益。其动机应该是在于要做正确的事情。

故事继续，制造沙发这种事情也有着错误的动机。电影导演挑选女主角应该根据她们是否适合所要扮演的角色，而不是她们是不是适合给导演做性伴侣。除非，可以拿出证据进行证明，是在为那一类型的电影试戏。招聘董事应该根据候选人的职位匹配度来选聘人，而不是他们的“校友间的互助情结”。

上面这些例子所揭示的看起来与敲诈行为非常相似。投资经理威胁说拿不到奖金就辞职吗？上司就离开国家吗？妻子就赞成离婚吗？这激起了灰色地带：有时候我们视他们为敲诈，有时候是被允许的。特定的投资经理可能为国家财富出资巨大，上司是想更有效地利用公司税金，还有，如果人们发现配偶酩酊大醉，就会感觉婚后的生活简直是摧毁心灵。当然，其他的因素也会起作用：经理的要求或许是太过分（类似于敲诈），上司无法展示其忠诚度，配偶可能在如此昏暗的婚姻生活中缺少适当的同情。

作为一种困惑，敲诈行为的有用之处是提醒了我们应该出于正确的原因而做事，而这些正确的原因通常并不牵扯到那些单纯为获得一己私利而进行的威胁。

相关阅读：

22.青蛙和蝎子

16.你为什么要施舍穷人？

1.好人古德曼的两难选择

【政治】

9

捣乱的水手：如果这就是民主

当你病得很严重时，别人会建议你去看医生，去找咨询师或护士。如果你的鞋子需要修补，潜意识会建议你应该忍受着寒冷去找技术精湛的补鞋匠。要学习曼陀林，那么，找一个曼陀林演奏者来教是最好的。需要的就是专家。没有哪个理性的人会折服于一个在解剖学上完全无知的外科专家，没有哪个理性的人希望那些不会弹的人来弹他们的钢琴。关于如何最好地解决数学上的、医学上的以及音乐上的那些问题，我们并不急。“让我们民主一些”，我们不需要通过多数选举的方式来找寻决定，我们而是找寻专家。我们之所以这么做，是因为为了获得技术和知识方面的所需，进行多数选举是一种不可靠的方式。那么，为什么民主选举在管理上就适用呢？正如温斯顿·丘吉尔曾引用的，普通选举者的五分钟会打破任何的民主信念。

民主，用亚伯拉罕·林肯的话，简洁概括为人民的政府来自人民，

为人民服务，但是，不同国家对什么可以称得上“人民”和所谓“来自”的规则，“来自人民”和“为人民”，有着不同的标准。由人民管理，意思是被一些成年人所管理，这些成年人中有些是见多识广的，很多是孤陋寡闻的。他们都竞选代表或参加公投。很多选举是基于自我利益，其他的是基于那些他们认为是对整个国家来说最好的东西。这些规则可能是由所谓的大多数选举从一个布袋中得来。在这个布袋中，有着不同类型的选民，他们遵循“多数制”体系或是比例制。不论进行哪种方式，都没有一个很好的理由使人相信合力形成的政府和政策会是最好的或者甚至更好。

评判什么对社会有利，要求对经济学、道德和社会学进行评估，涉及到犯罪、精神错乱和疾病、税收水平的社会经济学后果、核动力以及环保潮流产生的原因。没人由衷地相信大多数选民或一个有着重大意义的少数选民对这些事情完全清楚。确实，只要是专家反对的，专家的大多数可能都会效仿。可是，通过选举的民主，不是由专家决定，实际上是由所有人决定。这里所说的“所有”很容易因相关专业知识而陷入那些极少数之列。

为什么要民主？

以上反民主思想源自于柏拉图的《理想国》，这本书写于2500年前。柏拉图提示我们，在船上时，我们应该选择专业的航海家来操控船只，而不应该由捣乱的水手来操控。即便我们也是水手，就可能性的天气状况和障碍物位置来表决，我们也不应该选择一个捣乱的水手来操控船只。

柏拉图所说的捣乱的水手或许可以视其为一暴徒，由暴徒掌控就是暴徒政治，这在古代世界是与民主相区别的。在柏拉图那个年代，“民主”适用于特定身份的公民所进行的掌控。可以是直接的民主，相关公民会聚集在城市的广场上论证，然后对提议进行直接选举。鉴于这种对古代民主的理解，詹姆斯·麦迪逊，这位美国的建国之父，将美国描述为一个共和国家而非民主国家。

今天的民主不同于古代的民主。今天的民主经常是专对于那些通过选举形式从而成为人民的代表的政治家而言的。通过商业支持，选举机制很可能赋予那些有说服性而又有超凡魅力的代表以权力。这就是为什么在古代的民主中，领导人通过抽签获投，这就避免了那些有魅力的竞选人通过持有的不公平优势而赢过那些普通竞选人。

柏拉图的论证有什么问题吗？柏拉图航船的类比可能用于抨击他本身的地位。柏拉图所说的航海家并不是那些仅仅将乘客带至预定目的地的普通的航海家。他所称的航海家将专业职责看得高过于航线和目的地的选择。这就像一个服务员的角色并不仅仅是接收你的预订及提供餐点服务，还包括告诉你有哪些是你必须要吃的。记住，这在一些饭店里时有发生。

以上对柏拉图的类比的批评有着它自身的疏漏之处。它建议说那些对于在政治决策上意义深远的领域，应该简单地由人们的希望来决定。在饭店，我可能今天特别想吃羔羊肉而不是三文鱼。可是，社会远不止那么简单。甚至在饭店里都有可能有根据我内心状态或是我对某些动物的关心而进行一番探讨，来决定对我来说吃什么比较好。举个例子，公民可能误以为他们最好的利益和社会的利益是通过减少相对来说已经很合理的税收来实现的。

对柏拉图类比的批判还可能引出粗鲁的被误导的观点，那就是考虑到价值，一个人持有何种观点，并因此而投票，这种行为同一个人认为投谁都无所谓，其实是没有对错之分的。柏拉图提醒我们，对于路线和目的地我们有可能弄错，尽管这有些夸张。这或许表明了一种理想，绝对称得上是理想。在一个小范围的直接的民主中，一群知识渊博的人一起辩论商讨，找出社会运营的最有效方法，以期在此方面达成共识。

可是，没有理由这样考虑，即便是怀有最好的意愿（所有智者共同寻求社会治理之良策），在最好的方式和结果上，也还是有一致性的。比如说，思考和道德意识促使好心人珍惜公平待遇，但是在对于什么是公平上，也还是会有不一致性。比如，税收、大学录取以及福利金。

优先级矛盾。在表达决定方面，民主的选举显得机械化。并且不论是什么样的决定，选举人至少已经参与到了选举机制中。这或许会增加对最终的政府和法律的赞成的可能性。你，作为选举者，参与其中，但是，如果选举机制传达了一种与你的选举相悖的结果（如果你只属于少数者），那么你可能因选举结果而被疏远，你的自由也受到侵犯。或许你赞成安乐死、妓院合法化以及高额度的遗产税，然而选举出来的政府会从不同的角度立法。那么，凭借社会的价值，你也就分不清了。

甚至在他们的选举选择被严格限制无效时，人也还是选举过程的一部分。因此，参与其中绝对是一种虚假的优势。可是，政客们至少确实是为选举而战，所以，他们试图吸引很多可能的选举者进行选举。可是，典型的吸引只是以满足选举者短期的利益的形式进行。

更明确地讲，民主之所以重要，可能的原因是它提高了平等和自由。除了儿童、智障人员以及其他特定人员，每个人都有选举的权利。所以，应该说选举人属于自我管理：他们是自控的代理人而非绝对命令的受害者。可是，这种观点是被严重误导的。因为，正如上面所提到的，那些少数选举人可能因那些反对他们优先权的法律而备受折磨。

可能民主之所以很重要是因为它强调了对人民权利的尊重，并不过多地在于选举的权利，而是因为尊重人民需求的否决权。如果他们属于大多数、符合规定、有权力——或者，他们确实是少数管理者，那么，否决权保护了个体免受暴政。

柏拉图关于船只的比喻使得我们充分认识到：不论是什么样的选举，民主需要航海家让我们远离暴政。长久存在的问题是，当然，我们确实有矛盾和混乱的目的。至少，民主给了那种混乱以说出来的机会。也就是那种混乱的声音给我们带来了多样性和批判性。所以，正如几十年前E.M.福斯特所建议的那样，尽管它虚九、起不了作用，甚至有危害性，民主确实有可论证的“一定程度的积极性”。

相关阅读：

26.偏好：避免金钱流失

16.你为什么要施舍穷人？

28.好的惩罚如何成为糟糕的惩罚，非常糟糕的惩罚

【情感/伦理】

10 不幸、幸运和幸灾乐祸

“幸福就是看到好朋友从房顶摔落，而自己安然无恙。”

阿苏德夫人直到昨天还是一个身居高职的政府部长。公务员们认为她工作表现特别优秀，可是她就是有点儿傲慢。今天她失势了。在私人场合，她说了一些针对首相的粗鲁评论，结果无意间被人听见了。她还说到了对猎狐的支持，尽管已经投票反对了。另外，比以上还严重的是，她所在的部门试图泄露机密数据。今天的报纸头条厉声讨伐阿苏德夫人。她辞去了职务。

我们对这种新闻应该作何反应？当然，我们可能毫无想法，但是有些人会对她感到遗憾。鉴于话题的保密性，人们常常私底下作出粗鲁的评论。政府部长不得不用脚尖沿政党路线走，比如说关于猎狐方面，尽管所选择路线与个人信仰相违背。进一步说，对于数据的丢失，阿苏德夫人也是不幸的，仅仅是不幸降临。阿苏德夫人认真履行自己的职责，做得非常到位，从来没有耽误任何事。

可是，现在的困惑是关于幸灾乐祸的。那就是说，将自己的快乐建立在阿苏德夫人的不幸之上的那些人。他们忍不住笑起来。我们中的很多人，在特定时间，都会经历幸灾乐祸，尽管德国人描述那种感觉的特殊术语（schadenfreude）受到了嘲讽。在1997年英国大选中，上百万人寄快乐于当时年轻又已商定好的政府部长迈克尔·波蒂略落选。

可是，幸灾乐祸被理解为一种恶意。如果我们想知道它是否真是错误的，那么，认为是错误的几率就会很大。人们通常觉得一个好人活得没有价值，但是，为什么呢？对已存在的幸灾乐祸就不可能有些好的方面吗？

幸灾乐祸是件好事儿吗？

在诸如此类的情况下，比如盗贼被抓住并被暴打一顿或者醉酒的司机被罚款，假设你可以将自己的快乐建立在别人的痛苦之上。你快乐的原因有可能是个体所遭受的是他自作自受。这关乎应得的奖惩，暗示出快乐并不含恶意的。有些人可能对阿苏德夫人的败落感到高兴，仅仅是因为他们认为虚伪终究会从繁华走到落寞。

一些高智商的个人会争辩说，任何建立在别人痛苦之上的快乐仅仅在以下情况下被认为是合理的，那就是，如果承受那种痛苦是一种需要，尽管做出了不幸的审判结果。快乐应该存在于公正的保持，而非痛苦之中。确实，我们可以（也许我们应该）对承受痛苦的人满怀同情。“他伤害我的程度远比伤害你的程度深”是对老式的校长们鞭笞优秀学生的行为的嘲笑。他们可能为偷苹果而被发现的小男孩感到遗憾，也仍然对他们被抓住并遭受惩罚感到高兴。

尽管当应得的奖惩有争议性，我们有时候还是会感受到那种对待不幸的快乐之情，感觉对后果的评判也是事出有因的。对赞成猎狐的人来说，他们可能对阿苏德夫人的败落感到高兴，因为她的败落能使得反猎的法律被撤销。他们还可能对阿苏德夫人所不得不遭受的结果感到遗憾。他们可能辩论说他们的高兴之情是来自于可能性的后果而不是源自阿苏德夫人的不幸。

应得的奖罚和个别项目的后果使得我们远离幸灾乐祸而单纯清白。报复的快乐将我们拖远，因为关于我们的幸灾乐祸或许并没有给我们带来什么危害。有时候我们在另一个不幸中简单地体验快乐。我们能从阿苏德夫人的败落中体会这种快乐，但这不是因为我们特别担心“绿林狩猎”或者因为我们相信部长应该使各部门的工作有序开展。单纯地讲，衰败之中的快乐感或许就是幸灾乐祸。现在，那应该被指责为恶意的吗？

将自己的快乐建立在别人的痛苦之上可以暗示出我们希望这种痛苦发生。希望他人痛苦，毫无疑问是心怀恶意的。然而遭遇幸灾乐祸的人一定希望拥有对他人幸灾乐祸的经历这种说法还不是很清晰。当然，有些不幸的发生给他们带来了那种经历。现在，在某种特定不幸中的快乐感显示了一种不端的特点。别人已经经受了一种极糟糕的时期，在那期间遭受了更多的不幸，而我们又从他们的不幸中找寻快乐，那么，我们会惊奇地发现我们变得可恶。想想那些地震受害者，之后从余震中要承受更多。想想那些因战争而生活艰辛的穷人。没什么理由从这种痛苦中汲取快乐。

如果终究要证明幸灾乐祸的合理性，需要针对那些在相关社会中表现相对优秀的人来说。更进一步说，需要指向那些自满而又自鸣得意的人。或许阿苏德夫人的傲慢态度激起了一些人的幸灾乐祸。可是，这也使得我们更容易遭受应得的惩罚。骄傲的心理就应该遭受打击。高傲自大就应该被杀杀威风。再一次，我们碰到了高洁的立场。这种立场就是快乐感应该来自于人们得到了什么，而不是从他们所遭受中获得。如果这样，那么如果不考虑恶意，直接论证幸灾乐祸的合理性就再一次失败了。

让我们看一下，如果有正常理由的幸灾乐祸，对于人们得到了应得的部分，也就避免了从中获取快乐。

你看到一个穿着讲究的自信男人转动着手杖走了出去，但过了一会儿，他受到一只伺机已久的鸽子的袭击或是受到暴风雨的袭击。那能使我们感到高兴，结果会笑出声，却不仅仅是因为笑那种不协调。这小小的不幸不是那个男人应得的。鸽子和暴风雨纯属意料之外，不受他的控制：他突然就获得了他们的怜悯。他是不幸的。阿苏德夫人因泄露机密而突遭不幸。她的败落，也就是我们幸灾乐祸的目标，本应该仅仅是从那种不幸中而来，这种例子表明了什么呢？

那个男人和阿苏德夫人的例子用来表明在命运女神面前，在不幸的怜悯上，我们所有人的机会都是平等的。马基雅弗利说到命运时，把它说成是一个我们可能试图想要训服的女人，然而，这个女人，最终又使我们都容易受其伤害。

那个男人得体的着装，镶银的手杖，自信的目光，向别人炫耀其免受人生盛衰，完全地免受，然而，鸽子的袭击以及暴风雨证明了事实并不是这样。阿苏德夫人身居高职暗示了安全性，然而，因一场厄运，安全性被摧垮了。这些不幸突出了我们常见的弱点。在命运面前，他唤醒了人类的品质。幸灾乐祸热情迎接这种复苏。

幸灾乐祸就此就被认为是恶意而且无价值的吗？一些人可能会说了，这些例子仅仅表明我们嫉妒别人的成功。毫无疑问，这种说法在有些时候是对的，但并不是总是对的。的确，对我们来说，如果一件事儿进行得太过顺利，而当我们衰落时，我们可能就会对我们自己产生幸灾乐祸的感觉。幸灾乐祸的感觉的产生在于一种谦逊感，在于我们怎么样在未知的人生大海上航行。

英国前首相哈罗德·麦克米兰曾被问及是什么决定了他的政策，他说道“事件，亲爱的孩子，大事件”。幸灾乐祸是一种在对“事件，亲爱的孩子，大事件”认知的快乐感，否则就是所说的约束我们的命运女神。——假如命运女神是以这种形式存在，比如泄露数据、意想不到的暴风雨或者是粗心大意的鸽子。

相关阅读：

6.谦虚和羞愧：猫和老鼠的故事

8.我们即将涉及的业务——从军火交易到沙发制造

12.流产：为了生出健康的孩子

【形而上学】

11
一只生存在非连续时间里的山羊

我有一只山羊，仅有的一只山羊。她听着普赛尔，静静地躺在我的左边。在我的前面就是门口。透过门口，看见一只生物在来回徘徊着，是只山羊。她看起来很像我的这只。我还能看见躺在我左边的我的山羊，所以说门口的那只山羊并不是我的这只。我的所见提供不了什么证据以证明将要走进来的那只牲畜就是我的这只山羊。我的这只还在这儿，静静地躺在我的左边。一只山羊完全不可能同时出现在两个不同的没有连续性的地点。一只山羊不可能成为两只。

正如上面所说，我有一只山羊。她听着普赛尔，静静地躺在我的左边。我打了一个小盹儿。当我醒来，已经过了几分钟了，在我的左边没有任何动物。有只生物在门口徘徊，是一只山羊。她看起来很像是我的那只。我的所见为我提供了一些证据以证明我所想门口的那只生物就是我的那只山羊。我看了一下，在附近没有其他的山羊。我得出的结论就

是那只在门口徘徊的山羊确实是我的。一只山羊在一段时间内是可以改变它的位置的。

一只山羊在一段时间内可以改变它的位置，但是在那段时间里，就一定没有空间的连续性和相近性吗？在这个例子中，山羊处在我的左边和之后出现在门口这两种位置，这两者之间就一定没有一个可能找寻得到穿越时间的空间连续性轨迹吗？当然，很期待有这种空间连续性，但是这种空间连续性一定就为我的山羊随着时间的流逝仍是同一只这个事实而存在吗？很困惑，很多人都会这样想。

我的山羊一定存在连续的时间中吗？

假设还是在之前所提到的打盹的情境之下，当然找不到我的山羊在我睡着的时候偷偷地溜走的迹象，也没有跳过开着的窗子逃走的迹象，就走到了门口。房子没有被拆掉的迹象，也没有吊车吊起我的山羊的迹象，山羊就那么毫发无损地平静地被放置到了门口（房顶平整地回到了原来正确的位置）。总的说来，我以上所说的山羊从我的左侧到门口，没有任何迹象表明有连续性的移动。然而，不同的迹象（对普赛尔的喜爱，左前蹄的胎记，熟悉的美妙的曲子）都指明了那就是我的山羊。对于她就是我的山羊，我的同一只山羊这个事实，我们为什么就该坚持认为她一定是从我的左边到门口穿过了连续性的空间位置呢?

有些人的坚持是因为以下原因。假设发生了间断性：可能在某个时间，我的山羊不再出现，而后看起来又在另外一个没有临近性的地方重现。假设这种间断性是被人接受的，那么我们应该想象一下在我的山羊消失之后的不同场景。例如，后来接着出现了两只山羊，一只在我的左边，一只在我的右边。它们看起来都很像我的那只。没有空间的连续性，就很难有充分理由让我相信我的山羊会重现在我的左边而不是右边。而且我的那一只山羊无论如何现在也不可能一下子在两个地方同时出现。

基于以上复制的可能性，我们可以扩展一下故事，从两只山羊到任何数目的山羊，并且把它们之间的距离拉大。间隔一段时间后，现在出现在门口的那一只山羊不可能是我的。间隔性的唯一一种情况带来了可想象得到的多只山羊的情况。两只山羊或者更多山羊一组，就没有什么能使最终的山羊成为我最初的那只山羊了。

可是，我们能过于看重空间连续性的缺乏，而揭示一种特征，维持那只山羊就是我的山羊的观点吗？

回到我的山羊这个话题。我非常了解她。我经常带着她遛弯。我和她一起听普赛尔。她长得特别漂亮，是一个长久的伴侣。到目前为止，她是一只正常的山羊。有一天，发生些古怪的事儿。当她在田地里嬉闹时，我眼睁睁地看到她在我眼前消失了。她的消失也就是一瞬间的事儿。或许是我走神了，或许是我喝了过量的威士忌后太累了。在那之后，每隔几天，在她生命中相同的间隔就会发生，可能是时间变得更延迟了。其他人注意到了这种间隔。在此，我们可以发展为一个不同的故事。每次消失之后，她就会在与以前完全相同的地点，相同的情况下重现，或者她可能以一只山羊普通的行走速度每隔几分钟往前行进一次。与前几分钟相比，相对于她整个的身体来说，她的山羊胡子也还是在原来那个位置。或者可能现在随着风刮来刮去，它的山羊胡子更具褶皱了。

科学家们进行了调查，结果使他们感到困惑。他们的测试表明不管什么间隔，从所有角度来看，在质量上，她都是同一只山羊。虽然两个一英镑的硬币，在质量上是等同的，可是，一个是我的，另一个是你的。两个硬币在数量上是不同的。所以，每次出现的山羊在数量上等同于我的山羊吗？

对于不同的答案会有不同的动机。一方面，我的山羊刚获得年度山羊大奖，拥有了一份有利可图的合同。所以，晚出现几分钟的或者正在穿过门口的这只山羊最好仍然是我的那只。另一方面，或许以转让我的山羊作为代价签署了一份保险单，这样的话，我宁愿在我面前的这只山羊不是我真正的那只。但是，这只山羊是否是我的确实不是一件任意下决定或是认准了就行的事儿。一定有一些关联的事实。

一旦我们透过形状、蹄印以及山羊的叫声，透过基因及虹膜扫描来分析时，会有怎样的结果？答案早已给出，那就是：空间连续性。但是为什么认为它是数量等同的一种必要情况呢？在“一个和与它相同的个体”这个意义上来学习“等同”这个词汇的时候，空间连续性就明显地显现出来，但是，那并不表明我们必须领会“一个和与它相同的个体”这个含义。

尽管有时空之隔，我的跨时空的山羊嬉戏在田地中，保持着一种正常的活动和结构。当我喂她的时候，虽然仍会出现跨时空状态，但她依旧多少保持着被喂养的状态。当她怀有小羊羔的时候，在那个明显的阶段，她也还保持平常的孕态，如此等等。借用生活在十七世纪的莱布尼茨的一个建议，那就是因为有相同的持续个体，也就一定有统一的原则。贯穿规律性的统一性是关键所在。在我们有规律的世界中，这种规律性强调了那种常见的无间隔的连续性。但是，正如我们的山羊的故事所表明的，这种被强调的规律性是由空间间隔来构成的。我的山羊虽然也跨时空，但还保持着个体的状态。

当规律性消失，我们就会质疑物体的同一性。当瓶子被打碎，坏掉，碎片不会复原。妈妈生产以后，孩子的行为不久就缺少了和母亲之间的空间规律。恰恰是在行为上的这种规律使得一个物体或生物能凝聚成一个整体。这种规律使我们想到了蜂蛹，甚至一群羊也是有整体的事物。

所提及的“有效的整体原则”，使得一个物体能够保持它的原样，甚至一个有间隔的物体，本身也可能出现被复制的困惑。间隔之后，两只或者二百二十只山羊就会出现，它们都与原来的那只有相同的规律性。我们应该能够判断出哪一只是我的山羊。

可是，对此回应的论点批驳同一性存在于任何标准的暂时的空间连续体，就比如一只山羊。通过一只普通的山羊突然间分化成无数与原来的一模一样的山羊，我们可以虚构一个思维实验。就此我们可以论证说即便是只有一只山羊，一分钟以后的那只山羊的存在也不能看作是同一山羊的存在。然而，结论可能会有些荒谬，因为我们似乎应该放弃一切有关于“一”以及随时间流逝的“同一”的观点。

当然，间隔可能会无法操控。我们可以想象一下山羊绝迹，多年以后，在宇宙的不同地方，又突然出现。我们可能心里嘀咕她是否可能在数量上是同一只山羊。在这种情况下，所要求的整体性原则似乎丧失了。可是，在这种诡异的情况下，谁能确切作出想象呢?

思维实验需要细心地处理。概念是这个世界上一切数据的基础。如果可能的回应能够被认真对待，它们不可能用来破坏我们正常的理解，理解物体随时间保持数量上的同一性。我们那个生存在非连续时间里的山羊的故事是一个思维实验，但是它不是一个遥不可及的思维。它激发出好的想法。我的山羊或许仍旧是我的山羊，虽然有间隔性，但数量上是一致的。

正因为如此，我们明白了那些使生物成为一个随时间流逝成为同一生物的原因既不是空间连续性问题，也不是语言学的问题。这个问题乃是生物是如何由它自身的各个结构组成生物自身的问题。进一步思考，我们应该可以明白与山羊相比，那更适用于人类。你的生命与随时间流逝后的生命是一样的，那么，你的价值观、记忆和意念、你的性格特点、身体特征以及能力是如何结合在一起的呢？

相关阅读：

18.如何证明“所有的青蛙都是绿色的”？

25.掉落的大头针

21.“没人”又是谁？

1.好人古德曼的两难选择

【伦理学】

12

流产：为了生出健康的孩子

人们都渴望为自己的孩子获取最好的，当他们有那种渴望时，通常是都已经有孩子了，但仅仅是通常。有时候我们在孩子出生之前就想着为他们谋得最好的。这些天，想到准父母们，甚至在怀孕之前，就可能考虑如何合理饮食、戒烟以及戒酒，做医疗测试以检测是否一切正常。关心儿女是否健康意味着妇女一旦怀孕，就会在所有各个方面给出建议，据我所知，从扫描到维他命到眼线的选择，可谓各个方面。

现在，有一些不幸的情况（痛苦的进退两难的处境），当胎儿严重畸形时，医生就建议进行流产："最好以后试着再怀一个。"也还有更多引起争论的情况，也是极具悲剧性的。当有些医生建议流产时，其他医生却不这样建议，而这主要取决于可能产生的损害。可是，我们不要管可能性的流产所导致的情感上的混乱。在这个时候，让我们至少仅仅考虑一下思想转变的情况。

一个女人一直想要个孩子，但是她患有严重的病症，那就是内分泌失调。如此这般，假如她现在怀孕，生出的孩子将是残疾的。医生指出如果她延后几个月怀孕，在那期间她的健康状况会有所好转，那么，以后生孩子一切都会很顺利。

“如果延迟怀孕，对你的孩子和你自己都会更好一些。”

那种荒谬的要求，嗯，确实荒谬。怎么能对孩子更好？如果真就延迟了，那么一个本该出生的孩子却不能出生在这个世上。其他人会被生出，因为那个特殊的卵子和精子与现在的两个并不相同。这个问题引出了现在的困惑：

延迟怀孕对你的孩子和你自己来说
真的是一个更好的选择吗？

在上述那种情况下，大部分人会延迟怀孕。毫无疑问，那样做是正确的。如果那样做是正确的，那么，对于一个现在提前怀孕的女人来说，其选择就有错误之处。然而假设她真就那么做了，结果孩子出生了，患有残疾，之后慢慢长大。如果有危害，那又危害了什么呢？

孩子受害了吗？假设不怀孕，这个孩子就不会存在，所以说，真要说有危害，那也一定取决于这个孩子的生命本身是否在一定程度上构成了总体危害，会遭受种种折磨，长大后生活不能自理或者是其他。存在两种情况：一种是他总体上被危害到了，另一种是没能危害到他。

如果他遭受太多罪而真切地认为他还不如当初不出生，那么他就已经受到伤害：出生在这个世界上使得他受到伤害。所以，如果这种遭遇及最终的态度发生的可能性很大，那这就是延迟怀孕而不是怀了现在这种孩子的一个很好的理由。可是，不管他是多么地不能自理，他可能也会非常珍惜活着的价值，那么，这样的话，怀了他也不会对他产生什么连带性伤害。假如怀孕延迟，那么，他也就丧失了这珍贵的活着的机会。

以上种种考虑取决于一种可能性，那就是那个孩子珍惜他的生命，但是，这远不是整个故事所要讲述的。别忘了，我们在孩子被怀之前就已经考虑好了方向。如果（这种如果的可能性很大）我们在人们怀孕之前就能意识到他们的兴趣，那么我们应该把那些已经怀了孕的人们的兴趣也考虑进去，但是因为这个女人现在已有身孕，她不可能将来再怀孕。

假设延迟怀孕，假设就晚了几个小时、几天或是几个月，一旦我们仔细思考本该生出的孩子有什么不同之处，我们应该就能认识到我们必然会在不同的合适个体之间进行选择。如果那个女人延迟怀孕，之后就不会生出残障的孩子，而是一个健康的孩子。如果那个女人不延迟怀孕，那么，就会生出一个残障的孩子而不是一个健康的孩子。不论是哪个选择，总有很多有可能出生的孩子不能出生。虽然很多人发现在孩子之间进行选择令人很是不愉快，但是在某种意义上来说，这就是事实。

当然，对将来的孩子进行选择，可能不是因为内心里对不同孩子的兴趣，而是其他兴趣，比如说经济因素。这种因素出于在一些社会中存在生男孩比生女孩好的这种偏见。为了找到匹配的骨髓来拯救一个早已出世的孩子，有时候父母可能仔细考虑后又怀上一个孩子，一个“救世主孩子”。孩子的出生有可能是多种混合动机的结果。当然，生孩子常常是完全没有任何动机的，而是所展现出来的对性的迷醉。

假如已经作好决定，最好选择产生最幸福孩子的可能性。这自然也是之所以产生冲突的地方。对于耳聋的父母宁愿让他们的孩子也耳聋而不是允许接受医学治疗，我们中的很多人会对这种行为大吃一惊，会支持他们的胎儿或者婴儿接受治疗以避免耳聋。然而这类父母可能辩论道如果是耳聋的孩子，他们的家庭生活会更好一些，这对孩子更好。可是，我们应该反对他们的观点，因为那看起来像是如果是婴儿耳朵好使，那么这样的耳聋父母仔斟酌之后生出耳聋的孩子也是合理的。

可能对这幅选择合适的孩子的图画描述具有误导性，这就好像是有数不清的合适的孩子在阴暗的等候室排队等着怀孕似的。在那些孩子之间进行选择看起来是私人的事情：我们不会为了支持另外一个而反对这一个。当然，现在我们确实频繁地在人们之间进行选择（我们有可能喜欢有乌黑头发的女人而不喜欢金发女郎），尽管在生活的很多方面，这种歧视是被人唾弃的。可是，在怀孕的问题上，我们不会在个体之间产生歧视（他们都还没有存在），但是如果存在，我们会对人们所选择的特点进行评价。我们无法危害到不存在的人，或者从不存在的人身上获益。危害和利益需要对已存在的个体来说。

假设一下，任何人都愿意拥有的那些特征，已存在的人并没有，但这并不代表对后者的不尊重。需要注意的是，例如，如果任何人都不愿意瘫痪，这并不能暗示出我们对瘫痪者的不尊重。思考一下这个分析：重视避孕药的使用并不代表对已存在的人们的不尊重。

在选择何时怀孕，何时避免生出带有不幸特征个体的过程中，对于准备怀孕或者已经怀孕的妈妈来说，我们难免会考虑到哪些治疗和改善应该做，哪些不应该做。毕竟，对于已存在的孩子来说，我们可以接受接种疫苗的注射，我们可以矫正口吃，矫正牙齿甚至平足这些情况。很多父母为了使孩子获取智力上、语言上或者数学上的进步，为孩子交付额外的学费，而最终，他们是幸运的。

现在，假设在怀孕之前胎儿或者母亲能够通过接受治疗来加强未来孩子的智力、道德意识甚至优越感。对于这种治疗，又会存在什么样的缺陷呢？

在某种意义上来说，为使得个体以后更好地发展而进行外界的干扰，我们总会感觉不安，可能吧，我们是对潜在的竞争而不安。可是，通常情况下，我们热衷于让已存在的人们变得更好。所以，为什么不从一开始就创造出更好的人呢？

相关阅读：

32.长生不老也会有烦恼

1.好人古德曼的两难选择

17.一样的音乐，不一样的心情

【推理/逻辑】

13 纸牌高手——沙漠中的骆驼

当你在沙漠中行走，期望偶然碰见一只骆驼，但是却发现一个驼背的以诈术为生的骆驼，它正坐在Soho俱乐部外的一个桌子旁，在树荫下吸着雪茄，对于这，我们至少会感到一丝吃惊。

“这儿有个小游戏非常适合你们俩，之所以说它适合，是因为我能看出来你们是非常理性的人，能够认清事物，而能做到这个，在这周围都是很不寻常的。”骆驼似笑非笑地说。说完之后，她给我们拿了两张牌，正面朝下放置，一张是给我朋友阿里亚德妮的，一张是给我的。她告诉我们说这两张牌是从1–100这100张牌中挑选出来的。

我看一下我的牌，阿里亚德妮看了一下她的牌，但是我们不能互相看对方的。

骆驼目光闪烁着，一时间，那种闪烁又从雪茄烟雾后面偷偷溜走，她补充道，我们不能仅仅通过推理来辨别各自分开进行推理到底谁的牌面分值比较低一些。出于沉浸在被夸为理性的诱惑之中，我们彼此都静静地思考着，从而想着从骆驼的话中得出结论。我从我眼前的牌中抽出一张纸牌，阿里亚德妮从她那里面也抽出一张。骆驼一直坚持我们应该通过静静的各自独立的推理来尽力玩这个游戏。

一分钟的沉思告诉我，很明显，阿里亚德妮还没有发现自己有1号纸牌。——毕竟，她可以直接知道自己持有的是编码较低的纸牌。骆驼还没有处理过她的号码1，确实我也没有号码1的纸牌。

为了使玩个游戏的规则生动活泼，我可以对读者明示我的牌，牌号为29，但不能给阿里亚德妮看。或许阿里亚德妮的号是63，可是，重复一下，我忽略了她处理过的那张牌。很明显，在这种情况下——更多情况下是这样，我和阿里亚德妮都不会乐意承认这个事实，那就是我们无

法猜出谁的牌码更低一些。

我可以看到我的牌码，第29号。进行我的推理，阿里亚德妮不可能有1号牌，而且我推理到，阿里亚德妮也同样已经推理到我不可能有1号牌，否则我就知道了我有更低牌码的牌了。

所以，看起来我们必须都清楚1号牌已经排除。现在，如果阿里亚德妮有2号牌，那么，就一定是较低牌码的牌了。可是，依据骆驼的动作，我们都知道我们不可能辨认出谁有更低牌码的牌，所以，很明显，阿里亚德妮没有2号牌，并且她也可能排除我有2号牌的可能。

所以，推理继续进行，我们接着彼此（分别地，静静地）排除3号牌，然后是4号牌，以此类推。通过这种推理，我们应该可以排除我们手上的任何编码的牌。然而，那是错误的：我们有两张不同的牌，其中一张是一个较低牌码的牌。当达到排除29号牌的时候，推理失误就恰恰会发生在我的眼前。可是，推理是如何出错的呢？怪不得骆驼沾沾自喜地笑呢。哦，都是因为这只骆驼。

推理是怎样出错的？

骆驼跟我们说得很清楚，概括来讲就是：

C：你们中的任何一人都无法获知谁持有更低牌码的牌。

我们都一直想着她所说的话，而没想到我们本身的理性，没想到我们可以看看每张牌，可以保持沉默，可以偷看一下等等。

假设我抽到1号牌，那么我正好可以验证C是错误的。我眼睛所看到的证据很容易胜过我从骆驼那儿所听到的。不是因为我的眼力比听力好，而是因为有更好的解释，可以解释我所听到的是错误的，我所看到的是幻觉。前者比后者更具错误性。现在，我没有1号牌，但是我怎么样能知道阿里亚德妮没有那张牌呢？

假如阿里亚德妮有1号牌，那么就会展示给阿里亚德妮看到，而不会给我看到，那么，C就是错误的。所以说，在这种矛盾的推理可以一个号码一个号码地继续进行之前，我们两个需要认定我们都没有1号牌。

互相认定我们俩都没有1号牌，可以从我们一些公布出的话或是通过骆驼漫不经心地翻阅剩下的牌或者展现1号牌来确认。假如1号牌通过这种方式排除掉，那么我们应该有一个共识，那就是：我们不仅仅会互相知道我们都没有1号牌，而且我也会知道阿里亚德妮知道我知道她知道我们都没有1号牌。

达成这种共识，我们的推理会继续下去：如果我们当中有一人有2号牌会怎样？正如已经排除掉的1号牌一样，2号牌会通过话语公布或者骆驼展示那张牌来排除掉，她会从剩余的牌中抽掉那张牌。

以此类推……

如果一张一张地，那些牌都当众逐渐被排除掉，我和阿里亚德妮都意识到这里，那么，透过骆驼抽烟吐出的烟雾，会发现她越来越急躁。因为，在一定程度上，那种矛盾推理的“等等”会受阻。阿里亚德妮或者我将不能确定有没有相关的牌。我们中的一个人会有，会知道它是不是更低牌码的，因为低牌码的牌会越来越少。可是，这仅仅会发生在公示的前提下，我们都得知我们所持的另一个较低牌码的牌会被排除掉。

有理由相信，以上讨论表明为了排除纸牌，共识对于矛盾推理是必需的。所以，矛盾推理之所以出错是因为在没有这种假设的情况下，它对这种认识进行了不合理的假设。如果我们俩谁都没说什么，那么有可能我们中对方有1号牌，有可能骆驼说我们中的任何一方都不可能辨别出谁持有那张低牌码的牌已经是误导了我们。

可是，假设我们一开始就都真实清楚地说明，“哦，我不能说出谁持有那张较低牌码的牌。”我现在知道阿里亚德妮知道我知道……骆驼说了真话，并且我们俩当中任何一方都不能得出谁持有较低牌码的牌。那告诉我们，我们俩都排除了我们有1号牌，但是，那就表明我们都排除我们有2号，3号，4号，5号牌吗？

我们俩都不会知道用那种方式对方会排除掉多少张牌。这是不确定的事儿。所以，我们俩都不能给矛盾推理一个很好的解释，只能一张一张地排除，一直这样下去。

“现在，”骆驼说，“我们将要再进行一次。看好，我刚才分给你一张牌，正面朝下，是从编码1−100的牌中抽取的。它是我所能抽取的最低牌码的牌，当然，如果不看，你们无法得知这是哪张牌。”

我们诧异于骆驼的自信。我们当然可以得出一些事情。骆驼本不会分给我们1号牌，因为那可能就是最低牌码的牌。所以，那不可能会是她所能给我们的最低牌码的牌，我们也不知道最低牌码的牌是什么。我们猜最低牌码的牌是2号，接着，当我们踌躇的时候，我们开始说出2。我们意识到我们应该在那时就知道2是最低牌码。所以说，2也被排除了。

我们感到摇摆不定。我们清楚如何能玩完所有的牌。看来没有人能满足所设定的条件。如果我们推理出一个特定的牌是最低牌码的牌，那么事实上也就将它排除掉了，因为我们就将知道，似乎看起来是这样的。

骆驼微笑着看着我们俩脸上的不平静。她利落地翻转那张牌：它就是1号牌。

“但是我们确实想到……”我们感到困惑。

“所以，你们排除了它。”骆驼接上了我们的话。

我们意识到了其中的寓意。骆驼所能处理的最低牌码的牌是1号，对于这，我们都是知道的。但是我们依照她所说的，也就是我们无法得知最低牌码的牌，从而来排除1号。这样它又被考虑了进来。但是如果我们看到那张牌，那么我们将会再次排除它。我们本应该停下来，坚持认为那张牌就是1号，从而表明骆驼所说的我们无法得知最低牌码的牌这句话具有误导性。嗯，除非她考虑到了我们的推理并且给我们2号牌，不然，我们本来会猜出那张牌。但是，我们或许本来应该都考虑进去。

所以说，是别人所告诉我们的那些话迷惑了我们。因为通过排除它，我们必须先把它们考虑进来，然后再排除它们，这样继续进行。

相关阅读：

6.谦虚和羞愧：猫和老鼠的故事

23.奶油与哲学家

27.小羚羊、树懒和鸡

【信仰】

14

教化：我的信仰错了吗?

这儿有个小难题：

试着认为北京是英国的首都，认为二加二等于五，认为仅仅为了纯粹的快乐可以折磨孩童。认为钷的化学元素原子数是61。

为了这一章内容，我们希望你不可能相信以上最前面的三个建议。除非你已经对化学元素周期表有所了解（或者相信此书是对化学元素问题的权威解释），否则我们希望你不可能就此相信最后一个建议。问题的关键点在于人们不可能简单地就有信仰，人们不可能坚信信念。信仰是经过多年的在校学习，在生活中形成的。我们想一下三种学校教学的概况，他们故意以那种明显的极端的形式来吸引关注。

一个激进基督教派学校这样教授学生，在关于世界造物，关于人们应该如何生活，上帝如何评判人们的行为以及提供永无止境的生命上，圣经中所讲述的就是事实。如果孩子们质疑这些，教师们就会给他们指明一些可证明《圣经》准确性、教堂权威性以及信念必要性的历史证据。

科学学派教授进化论理论，也教授宗教信条并不能作为科学事实而给予信赖。如果学生质疑，教师们就会给他们指明一些化石和遗迹，一些达尔文著作中的摘选以及一些著名科学家的权威说明。当然绝对权威的是进行科学调查。

在某个阶段，纳粹学校强制犹太学生和德国学生分开坐。如果孩子们质疑的话，他们会被告知是因为德国人的血管里流淌着高贵的血液。孩子们被教授着德国的光荣史以及它接管波兰和俄国进而扩张的历史使命。德国独裁者对此最为了解。

绝大多数人视纳粹学校为教化。有些人认为宗教激进主义学校也是旨在一定程度的教化活动。这些学校与科学学院形成对比。可是，有些人会说宗教激进主义者所教的内容与科学学院教授的内容相比，后者更具教化性。所有的学校都依赖于课本内容；这些学校有时候依据官方指示聘任一些有想法的教师。正如在纳粹德国所做的一样，孩子们明显会欣然接受他们所被教授的东西。

作为成年人，我们不会盲从被众多权威所操纵的或者被哄骗的信仰。当女人们受年轻魔力的吸引，在美容膏上花了过多的金钱，美容膏销售高管们就会为他们的宣传成功搓手而笑。如果政客因刊登在报纸上的故事而获得日益增多的支持，那么，他们是因为充分施展了自我吹嘘的说服技巧。

除了以上形成信仰的方式以外——那些方式或许都带有灌输的感

觉，还有一些更明显的教化的例子和被洗脑的例子。这些例子中受害者都是心理上被瓦解。受害者发现不论别人怎么跟他们说，看起来他们仅是简单地接受并且相信。从独裁政权的监狱中某些幸存者那里，这些例子明显表现出来。

那么，我们应该如何理解这个世界呢？

教育和教化有何区别？

区别之处不在于内容。我们可能被教授以真理，教育过程中有可能包含一些错误的信条。区别之处不在于教授者的目的意图，因为说教者和教育者都想用最好接受的方式，来使得人们追求真理，追求现世甚至来世的美好生活。

已论证过，教化的“适当性”会涉及到强制力。接受者的心理状态是受某些特定的外界因素、毒品和折磨所影响而形成的。在说教色彩不那么浓重的学校环境里，其原因可能是有个性的教师、有限的阅读以及重复朗诵的祷文。

对于所引起的信仰，静止的教化特色理应受到挑战。在某种意义上来说，大多数信仰是通过经历强加于我们身上的。你转过头，会看到火车正在开过来，结果，相信它确实是开过来了，所以，你最好赶紧躲开。你所看到的使得你相信。有人也可能会强制你回头看，给你以警示。原因，哪怕是明显的外力，都可能是好的，它们带给我们真正的信念。原因也可能是反面的，思考一下以下情况。

我告诉我的朋友们查尔斯王子放弃荣登王位的权力而选择居住在帐篷里。朋友们很迷惑地看着我，接着，他们理解了我的意思。“呃，你是在开愚人节玩笑吧，别忘了，你喝醉了。”我那时坚持我的信念应该是不理性的，因为现在我了解了我当时为什么那样做。

我是否应该坚持我的信念取决于证据，取决于我的建议是否有助于我的朋友。我们现在或许会把那种思想与教化和教育的不同联系在一起。

心理状态，也就是“内心”的感受是怎样的。从现象学上看，或许也是一样的，不管是否由教化所引起，不管是否是因毒品刺激而产生或者因《圣经》或《科学美国》读物所趋，或者源于对世界的直接经验。更进一步讲，被教化的正常教徒或许会出现相同的诉诸无因，也就是说，他们有着相似的行为举止。可是，潜意识的行为举止上，有很大的不同，可以说成是他们对那些与信仰相反的证据的反应。

教化提供了一种安全带，这条安全带庇护着信徒免于接触相反的证据。教育鼓励多种证据并存。无论教化是否具有政治性、商业性或者宗教性——假设这是件值得赞颂的事儿，西方社会人们的信仰是自己的事，孩子不会被禁止玩电子游戏，而《古兰经》则被伊斯兰世界视作石刑存在合法化的依据。

之于他们的信仰，被教化者不屈服于任何挑战：任何挑战都是可以被重新解释的，可以通过解释使其消除或者是简单地将其忽略。确实，在某些特定领域，在一定程度上，我们可能会比较看重这种情况：见证爱是多么盲目和脆弱。然而，为了周游世界，为了在世界上创造辉煌，我们不得不对这个世界——之前的证据以及变化保持敏感性。成熟的教化旨在抑制这种敏感性。教育旨在拥护这种敏感性。这就是为什么教育比教化要受欢迎的原因。

教化的产生有不同程度之分。在一定的范围内，宗教教徒经常允许有批判性评论。比如说，在一些条件下，罗马教皇的话被看作是完全正确的。报纸给予了提出反对意见的空间，然而所刊登出来的新闻又隐约带有政治偏见。

当教化走向极端时，我们就会想知道被教化的“信仰”究竟是不是信仰呢。如果你适当地相信一些事情，那么你就会认为它是真的，当然，尽管它或许是错误的。正是因为以正确为目标的特点，信仰要想成为信仰的话，就需要对证据或迹象具有回应性，具有敏感性。可是，不限制证据，听取反对意见，并不意味着所有的观点都应得到一样的尊重。

所有的观点当然不会得到一样的尊重。有一些恰恰是错误的，一些在道德上太过可怕。然而，根据约翰—斯图尔特·密尔的自由主义思想，证明让他们公布出来比让他们保持沉默要好得多。他们终究会激起我们找到并说出真相，虽然，很遗憾能实现这并没有什么保证。

相关阅读：

4.减肥与奶油面包的诱惑

9.捣乱的水手：如果这就是民主

18.如何证明“所有的青蛙都是绿色的”？

19.羊驼会坠入爱河吗?

【逻辑学】

15

小丑、伯特兰·罗素和悖论

小丑是不快乐的。他们将心思花在各种不同的工作场合制造滑稽、讲笑话和插科打诨，但是从来都不会在那些工作场合被邀入座就餐，参加盛宴。反抗就在酝酿中。——他们打趣着，发出刺耳的声音，但是，没有反抗，取而代之的是他们准备起他们自己的盛宴，属于小丑们自己的盛宴。更确切地说，他们会给所有人开设一个盛宴，而仅仅那些有能力的人可以加入到这个盛宴中来，在那儿，他们可以扮丑。有能力参加盛宴的话，你必须不仅仅是个小丑，还应该是一个能给那些不允许你加入盛宴的人扮丑的人。所有这种小丑才能加入小丑们自己的盛宴。

小丑的盛宴的宽大，将犹如一个网球场。坐在天鹅上就餐，有歌手，有歌曲，甚至还有狼藉的香槟杯。已经作好了安排，所有一切按照原计划进行。一天，在他们小丑的脑海中闪过一个想法，不能让我们自己在自己的盛宴上为自己讲笑话。毕竟，我们都不想打趣我们自己，因为那样的话，多像是在工作啊。这是个很好的主意，他们同意了。如果幸运，他们碰巧会碰到一个面带孩子气的小伙子正好来找他这第一份说笑的工作。他将是我们的笑话晚辈。

一切都进展得很顺利，如此地顺利。直到今天，进行盛宴的这一天，因为当小丑们在他们小丑盛宴上吃着喝着的时候，我们就在这儿，听着歌手唱歌。当然，他们多少有些表情严肃，不想让他们自己来冒险做说笑的工作。可是，笑话晚辈已经开始讲了些很好听的笑话。

“晚辈，过来参加盛宴吧。”小丑们呼喊道。他们所有人都远离了说笑顽固者，那个所有说笑者们当中表情最冷淡的人。

“我们的盛宴是专门为那些表演说笑却不能参加当时的盛宴的小丑准备的，”顽固者坚定地说道，“所以说，恐怕晚辈不能加入我们。”

“哦，能，他能加入。”其他人说道。

“哦，不能，他不能加入。”顽固人回答道。这时，晚辈正用相当困惑的眼光看着他。

随着“能”和“不能”的问题变得越来越激烈，争论明显转化为争吵，一场战争即将上演，我们偷偷走开并且思考这种困惑。

晚辈小丑有资格参加盛宴吗？

小丑被雇来在盛宴上表演，而没有资格来任意享受盛宴，这没有什么矛盾之处。

这种小丑会感到不为人所爱，甚至感到受了委屈，这一点也不奇怪。所以，正如上面所描述的，他们作了自己的盛宴安排。问题出就出在小丑雇佣了他们自己的小丑。

如果小丑晚辈被那种不允许他参加盛宴的人雇佣，那么，因为盛宴是为所有那些为这种顽固的雇主工作的人准备的，晚辈确实有资格参加。但是如果他有资格参加盛宴，那么，因为盛宴是向所有那些在盛宴上表演说笑却不能参加盛宴的人开放的，他当然没有资格参加。

总结一下，小丑晚辈有资格参加的条件及唯一条件是他没有资格。这是非常矛盾的。很典型，逻辑学家会得出这样一个结论，那就是如果有矛盾的会员制度，那么，盛宴就不会存在。谦虚来讲，我们抵制这么一种快速反应。

有矛盾规则的机构、盛宴俱乐部、公司、章程可以存在——毫无疑问却确实是存在的，而这些规则不能够一直地应用于所有可能的环境中。他们或许会变得不为人注意，因为展现矛盾的环境可能不会出现。现在，如果我们的小丑盛宴的存在性取决于它的条件，是否他们就有资格参加盛宴，那些条件的决定出于对所有可能的个体的考虑，而且没有任何的矛盾性，那么，确实这种盛宴不会存在。关于任何可能的小丑的资格，在盛宴的条件上，不会有一个一致的回答。通过一个真的小丑，也就是小丑晚辈，给他们表演说笑，我们已经发现了这个问题。

在现实生活中，一个盛宴或一个机构或一个俱乐部的存在并不取决于它的规则手册中没有矛盾。我们可以发现，小丑的盛宴通过吃吃喝喝而存在。同样地，我们中的很多人不那么聪明地持有很矛盾的信仰，然而我们伴随这种矛盾度过一生。很可能本书中包含了奇怪的矛盾，甚至很多很多矛盾，然而这是真实存在的。小丑的盛宴是存在的，但是如果条件是在所有场合下都给出个“是或否”的答案，那么，参加这种盛宴的条件会有一些矛盾。

我们所说的小丑的故事是一个引子，为了引出罗素有关类和集的伟大悖论。类和集不像盛宴和小丑，而是抽象的存在。

你是一个人，所以，你属于人类这个集范畴。集本身不是人类，它不是由血肉构成，它不是人类的凌乱的肉质的结合物。它是抽象的，就像是数字和正义的概念一样。我们可能会看见三个苹果，并且吃了这三个苹果，但是，这儿的数字“三”并不是我们所能碰见并吃掉的。

某物是不是属于人类集中的一员，简单地讲，取决于他们是否拥有人类的特征。钢琴家、哲学家以及公主是人类中的一员，但是钢琴、孔雀以及豪猪就不属于人类。哲学家集中的所有成员都是人类集中的成员。因此，哲学家集是人类集的子集。

当然，现在的哲学家集本身并不指一个哲学家——一个集不能进行哲学化。所以，它不是它本身的构成部分。钢琴集本身不是指一架钢琴，所以，它也不是自身的构成部分。很多集并不是他们本身的构成部分。

正如有些集不是它们自身的构成部分一样，或许也有一些集，它们是自身的构成部分，事实上也确实有这样的。想一下这样一个非猪肉食用者的集：在这个集中包含一些人，很多其他生物，也有萝卜、树和糖蜜，并且也还有它本身。非猪肉食用者的集包括它本身。假如是集物箱，那么我们就会疑惑，一个集可以是它本身的构成部分。一个容器如何能将它本身包含进去呢？不管怎么说，集不是一个容器。

伯特兰·罗素，他是剑桥大学的哲学家，同时又是20世纪早期的逻辑学家，也是政治活跃分子，据他本人所言，时间给了他前进的动力。顺便说一句，我们在序言中曾接触到这个人。

罗素提出了一个集，以下称为罗素集。是否属于罗素集，其特征是，成员本身作为一种集，但不是集的组成部分。罗素集包括读者集、贝雷帽集、大麻吸食者集，因为集本身不是读者、不是贝雷帽也不是大麻吸食者。罗素集不包括这种非猪肉食用者集，因为这种集是它本身的组成部分。现在，我们的搞笑而又麻烦的问题出现了。罗素集是它自身的一个组成部分吗？

假设罗素集是它自身的一个组成部分：那么它属于那种事物集，其自身不是集的组成部分。所以，它不是自身的一部分。假设罗素集不是它自身的一个组成部分，那么，它可以被看作是集的一个组成部分，这个集自身不是集的组成部分。那么，它就是自身的一个组成部分。很矛盾，如果且仅仅如果在罗素集不是它自身的组成部分的条件下，罗素集才是它自身的组成部分。

正如小丑的盛宴一样，罗素集将我们带入矛盾之中。通过小丑的盛宴，我们了解到盛宴如何在矛盾参加的条件下存在。我们终究能看到盛宴在顺畅进行。相比较而言，虽然也有矛盾的条件，但我们无法了解到罗素集的存在。仅仅通过决定事物是否是组成部分的条件，我们可以挑选一个集。矛盾的条件决定不了任何事情。如果别人给出了矛盾说明，“现在，既关灯又不要关灯”，你怎么可能作出正确的行动：你感到困惑了。与之前类似，罗素集的条件也不能决定一个集。

罗素的矛盾在于“不是它自身的组成部分”这个特点。可是，那个特点常常也没有什么问题。对于那，仅能用智力来了解——见证了以上所给出的简单例子，并且，用它来提供完全可被人接受的数学结果。所以，正如可提出证据所证明的那样，一直的困惑在于如何最好地掌握这个特点——如何证明限制它是合理的，从而避免矛盾的产生。

对罗素来说，数学应该拥有永恒的真理和超凡的美感：“美，冰冷严厉，像是雕塑一般的美。”罗素对悖论的发现也因此使人非常不安，因为悖论只是为人们提供了一个流沙上的落脚点。

相关阅读：

13. 纸牌高手——沙漠中的骆驼

29. 全知的上帝究竟知道多少？

31. 无穷、无穷数和希尔伯特酒店

【伦理/政治】

16

你为什么要施舍穷人?

你知道为何这样：当你在漫步时，突然看见一个穷人坐在前面几码处的人行道上。不假思索地，你加快了脚步，试图走近确认一下，其他人也正在你和那个穷困潦倒的“他人”之间经过。或者你穿过公路：你是真的太忙了而无法看到这个“他人”。他或许是一个江湖医生，一个骗子，离开这儿以后当天晚上就去胡吃海喝。嗯，会有种种故事。或者可能他在从事一项药品相关的交易。不管怎么说，你会考虑所提供的几种情况。你这样想着，从他身边经过。当你走过时，你感到有些不自然。

或者以上所说的也不是事实……

你觉得他应该是为了换零钱，为了小额的硬币——必须是既不少也不多——合适的金额到底是多少呢？你转移了视线，确实，你觉得难为情了，但是，你将硬币丢进了他那双脏兮兮的手里。这是一种救济啊！

至少没有任何接触，不过，或许那样也算是一种接触。所以，开始喷洒消毒剂。当然，你只是在远处小心谨慎地喷洒。至少你做了些事儿。至少你没有被本性的卑鄙所触动。确实，你为自我感到高兴。然而，那就够了吗？或者是否有些过了呢？你是否像高手一样来解决呢？所以，当你继续往前走的时候，你多少会感到心里不安。

穷人会使我们中的很多人感到不安。可能随这两种情节而存在的也还有敏感性。但是当如此面对时，人们又应该如何做呢？如果我们不知道什么是遭遇，就没有左右为难的时候，贫富不均的两种极端也就引起异议了。可是，当然一切都取决于国家通过社会结构和客观的税收来实现对这些事情的改正。

我们或许甚至好奇那些穷人的不幸处境是不是他们自己弄的。他们是厄运的受害者吗，或者是否他们有意选择那些赤贫的境地？如果他们应该受到谴责，我们为什么应该关心？让我们假设我们的穷人是真的，是不幸的。

依据"充分的理由"给穷人以施舍本质上来讲是错误的吗？

"施舍，伤害了那些接纳的人。"富有的人常常这样斥责那些给乞讨的人钱物是在自我蒙羞。如果真要施舍，国家应该提供这种施舍。如果我们屈从了，进行施舍，我们就是蒙羞的一方。不施舍会好得多。规定乞讨为非法行为也是比较好的一种方法。但是，这样做就好得多吗？

在真正的施舍给与中，我们将好的东西赠与接受者，不奢望会有报答作为回报。这不单单是因为穷人不会报答。毕竟，当你送与朋友的时候，他们会简单地说声“谢谢”，但是朋友会报答。这儿所说的报答，不要求以金钱价值同等回报，而只是一些简单的关心和在乎。金钱价值有些时候有些关联：特别贵重的礼物会给那些不可能作出相当层次报答的接受者带来难堪甚至羞辱。而真正的穷人典型地不会给出任何报答。

为处理有关这种回报问题，一些穷人以提供物品来作为报答，但是这又引发了对那些物品价值的质疑。一方面，如果那些物品是不值钱的，不被需要的，那么假装那些物品与捐赠物相比价值相当，就会显得很虚伪：这种假装会表明没能够尊重穷人。另一方面，如果那些物品真的有价值并且是被人需要的，那么我们就不再属于施舍赠与的范围之内了。我们可以买或者忍受良心之谴责。靠佣金过活的自雇售货员有时候会碰见一些客户，他们之所以购买，只是简单地出于对售货员困境的忧伤。在这种情况下，售货员可能感到蒙羞了，或者，如果他们故意获得客户的同情，那么，不管客户知道不知道，他们就蒙羞了。

对于痛苦的蒙羞例子，考虑一下以下情况。一个年轻人——图坦卡蒙站在博物馆外。完全裹在了金色织物里，戴着埃及人面纱，他一动不动，在他前面放着一个碗。去博物馆参观的人把钱扔到了碗里。每次有人扔钱的时候，他都会苏醒过来，也都给人鞠躬。孩子突然又扔进了硬币，只见他又一次一次地鞠躬。或许他那样让你想到了为了吃一口食就需要乞讨一次的狗。就像是穷人一样，他表现出来的是感谢的心情和奴性。

对图坦卡蒙来说，或许这些钱是他的表演所得。所以，让我们看一下一个更单纯的乞讨的例子。在巴黎的地铁上，一个人跪在地上乞讨。靠着双膝，他在车厢之间拖拽着走。这个人明显地是在让自己蒙羞，诋毁自己。

一个人与另一个人的关系不应该是那样。可是，如果那个人的行为是具有讽刺性的，那么行人就被蒙羞了。如果你将自己想象成你所目睹的那个人一样真诚或者具有讽刺性，你会感到极大的不安。

可是，乞讨与施舍的关系，不需要被看作是一件蒙羞的事情。将那个地铁男扶起来，他就是人类的同胞，他只不过屈从了他的运气。确实，他或许会因环境而鞠躬，但是施与者和接受者会发现他们共同的仁慈之处。同胞之情不需要引起羞辱，而是产生同情和慷慨之情。是的，穷人是无助的。但是寻求帮助的呼救是不需要蒙羞的。从根本上讲，呼救比饿死要好些。就像拉比曾说过的，“上帝是和门口的穷人站在一起的”。无神论者用“我们共有的人性”来代替“上帝”。

以上分析并没有将乞讨提升至就此令人渴望的境地。考虑到单纯的可能性，这可能涉及到哪些是乞讨者最为关注的、哪些乞讨者确实是真的以及哪些是乞讨者最想得到的，在为无依无靠的人提供帮助方面，当局有很充分的理由去获取更大的成功。考虑到很多人对待乞讨者的方式，那种方式令人厌恶，应该受到谴责，而很多的乞讨者令人同情，非常不幸，有时候，咄咄逼人，有时候精神异常。地铁男被怂恿跪下去寻求令人瞩目的人性与很多乞讨的真相相差很远。

然而，凭借所有之前所说过的，帮助困境中的那些人一定比所谓的引起蒙羞的风险要好得多。

将蒙羞的诸多来源拓宽来看，我们可能会因人类的处境感到堕落，因遭遇疾病的日渐严重而不能自己照顾自己，可能有一天不能承担很多个人的事务。就像是乞讨者一样，这就是我们需要求助于别人的地方。为避免冒善意帮助和蒙羞的风险，这也是我们谈论过人类拥有某些权力的原因，是从饮食到教育到护理到其他福利方面，极力用基本的物资填补空白的原因。

当然，蒙羞有时候是故意强加于那些勉强的受害者身上的。那些在集中营遭受骇人听闻的折磨的人将折磨他们的人视作野兽，通过使他们失去人性而保持他们自己的尊严。看起来，由于客观外力而带来的遭遇与人们故意制造的遭遇相比，前者的后果不如后者。折磨人的人把受害者当作动物或东西来对待。但是受害者，当然得是人来作为蒙羞的载体。可以证明，田地里的牲畜不能蒙羞，当然，你也不可能让卵石、树木或者机器人蒙羞。

那穷困潦倒在大街的角落里乞讨的人，当然应该被当作人来对待。他们就应该那样。可是，那并不意味着因为害怕羞辱他们而拒绝对他们伸出援助之手。拒绝帮助也是一种羞辱。乞讨者的人性应该会阻碍我们直接从旁边走过去的邪念，或者，至少是无任何关心地、不认真思索地走过去。

当我们作出上面那种行为时，乞讨者的人性应该也会防止我们以非黑即白的方式看待以下这种事情，乞讨者自己应该对他们的困境负责或不应该负责，他们是出售有价值东西的卖者还是为钱提供服务的人，或者他们只是假装这样等等。人类有着这样一种特点，他们是个性、动机和运气的综合体，不管是好的还是坏的。那个综合体特点导致有些人发现他们自己在乞讨。那个综合体特点应该至少让我们在对乞讨者置之不理的想法面前感到犹豫。的确，那个综合体特点应该阻止我们立刻打发走乞讨者，在很多情况下，可以证明的是这个特点应该引导我们怎么能不再从乞讨者身边轻轻走过。

相关阅读：

20.仁慈与法律制裁

10.不幸、幸运与幸灾乐祸

3.小提琴家：你应该拔掉管子吗？

【美学】

17

一样的音乐，不一样的心情

当安妮快乐的时候，她可能会微笑，会满脸堆满笑容；她可能会轻手轻脚地走路，会轻声细语地说话，会几近疯狂地做饭。假如她的快乐来自于画完了画，找到了一个意想不到的50英镑的票据或者听到他孙子就要来了，那就是安妮表达她的快乐的形式。安妮，作为一个人，既不是卵石也不是菠萝，她是有感觉的，是能够体会快乐和悲伤、生气和同情、害怕和希望的。安妮表达着她的感觉，比如她的情感、激情以及心情，她的爱、欲望和生活。

音乐也能表达情感，然而，音乐不能表达感觉。音乐是由组织起来的声音排列而来，常常经过诸多考虑之后才形成的，虽然它也能表达大海的咆哮、大风的呼啸以及……嗯，鸟鸣声之歌。音乐本身不会体会喜悦或痛苦、快乐或悲伤、爱或害怕，然而我们中的很多人，“音乐盲”除外，很容易地、很反常地说音乐能表达这种情感和心情。因为音乐是展开的，我们可能会听出其中的忧伤和同情，我们可能会认为这个声音太伤感。那么接下来呢？

音乐带给我们的注意点并不偏激，我们用文字理解音乐本身，尽管有可能产生思想，它对音乐产生重要意义。文字有时能够如此紧密地和音乐结合在一起，以致我们无法辨认出那些所有可能的音乐所单独表达的东西。所以，请听一下那种带给你深刻印象的乐器演奏作品吧。音乐可以是古典的、爵士的或者流行的。乐器演奏作品的名称可能具有暗示性，但是，请把注意力放在声音本身上。在此，我说些许混杂的情况以防用得上：理查德·斯特劳斯的《变形曲》，沃恩·威廉姆斯的《云雀高飞》，乔治·格什温的《蓝色狂想曲》，桑塔纳的《桑巴巴蒂》。

我们避开音乐上的分析。特定的音乐设备和乐器演奏出表现快乐、悲伤或者其他情感的音乐篇章，但这解答不了这种音乐篇章为什么要以这种方式来表现这个哲学困惑。

对于我们的困惑，一个直接的回应是否认音乐本身有表现力。当你表达快乐或悲伤、希望或害怕时，你常常在脑海中构想一些东西，而这些东西是产生以上状态的来源。现在你的母亲为金钱结了婚，这让你很高兴。在你的床边爬着一条蛇，你的害怕源于那条蛇。可是，音乐是没有想法的。它不会在脑海中构思一些东西，所以它怎么可以表达出来感情和感觉呢？

这个简单的思考提醒了我们，不能以理解安妮对情感的表达同样地来理解音乐对情感的表达。这确实是正确的。但是，不要就此得出音乐不能表达情感的结论，相反，如果我们能通过掌握音乐的不同表达而解决以上的困惑，这样会更明智一些。别忘了，这恰恰是事实，大部分人觉得令他们感动的情感，是可以通过音乐表达出来的。如果我们如此快速地得出结论，说他们被误解了，然后跑去喝酒，那这确实很矛盾。这种解脱的办法也太过简单。

音乐怎么能快乐或悲伤，生气或平静？

同样的形容词，可以适用于音乐，以及关于人的虚构的特性。“快乐”“悲伤”“冷酷”“生气”这些都是我们学过的用于人、其他一些动物以及音乐上的一些词。当然，有些人会坚持说那些词在用于音乐中时会有不同的含义，或普通或隐喻，但是，那么为什么那些词听起来又是很恰当的呢？用“悲伤”来描述音乐乐章，并不是随意的。在通过人类的姿势来表达悲伤和通过音乐乐章来表达悲伤这两者之间，看似存在着一种相似性。

“相似性”，这就是关键所在。可是，我们需要从任何关联中辨认出其相似性。我们还需要问这样一个问题：相似性是关于哪些特征的？一个围巾结让你想到了购物，但是，那个结本身既没有表达出来购物的想法，与你的购买欲望又没有相似性。相比较而言，当音乐引起我们悲伤时，当它给我们带来悲伤的情感时，我们可能将悲伤归因于音乐本身。音乐，或许“表达”了它所引起的我们内心的情感。

这个“激发”的答案一定也是错误的。我们可以认识到，有些音乐是在表达着悲伤的情感，而不是在体会着我们内心的悲伤。一个悲伤的小丑可能给我们带来笑声而不是引起我们悲伤。换个角度看待问题，一个有逻辑性的困惑可能会让我们感到沮丧，而不是困惑本身感到沮丧。当有表现力的音乐和激起的人们的情感之间产生关联的时候，对“激发”的解释就误入歧途了。并不是因为音乐引起我们悲伤，我们就认为那个音乐本身是伤感的。是因为音乐本身的伤感，可能引起我们的悲伤。用你自己的害怕来解释为什么狮子正用饥饿的眼神看着你，通过类比，这种说法常常是错误的。然而，可以说正是狮子流着口水想要吃掉你的表情，解释了你为什么感到害怕。

在音乐和情感之间，我们一直寻找着一种关联。激发理论将音乐和听者的情感关联起来，但是，正如以上所说的，听者他们自己并不会变得伤感，而只是能听出音乐所表达的悲伤。

有些人论证说音乐的表达源于作曲家在作曲时的情感，但是谁能知道作曲家在急匆匆完成他们的作曲时有着什么样的感情。作曲家可能写出欢快的音乐，但他们自己当时并没有欢快的心情。

我们再说一次，对于音乐是快乐或是悲伤的、狂暴或是庄重的，与促使产生这种情感的东西之间一定有些相似的关联。我们再试着找寻一下这种关联吧。

想一下巴赛特猎犬耷拉着的脸这个经典案例。它的脸看起来很悲伤，它的脸是对悲伤的表达。仔细观察云彩，你会看到极具威吓性的表象。云彩明显不是在经受威吓，猎狗也可能不是在悲伤。然而我们不是因一时兴起，而用这样的词描述它们，也不是在置这样的情感于它们身上，而不管它们愿不愿意。猎狗的面部特征展现出来的时候，与人的悲伤表情的特征有着类似之处。与此类似，可被论证的是，伤感的音乐之所以令人悲伤是因为它拥有一些特征，这些特征使得我们想到了人们的悲伤。音乐本身明显不会“看起来”悲伤，但是音乐跳动的方式，它的声线，可能会与悲伤的人们的运动方式和步伐类似。

神秘的人类生命有两个特征。其中，音乐是体现特征的特例和典型。

首先，我们用相同的词来描述非常非常不同的事情。最终，我们常常会觉得它们之间肯定有着相似之处。那些词并不是隐晦的措辞，比如说“bank”（指河的时候）以及“bank”(指金融业的时候)，或者“entrance”(指路的时候)以及“entrance”(指迷惑、诱惑的时候)。然而常常唯一的相似性看起来会出现在这种情况下，当我们用相同的词来描述有疑问的东西时。我们用“low（低）”来描述声音，然而，它的低和“很低的桥”这个描述中的低有类似之处吗？在沃恩·威廉姆斯的《云雀高飞》中，我们描画了一只云雀在高空中飞翔的场景，然而在小提琴的“高（high）”声部，和云雀飞的高度，这两个“高”之间存在什么相似之处呢？

第二，尽管我们自己知道伤感的音乐本身并不是悲伤的，然而我们听着音乐所体会的情感与倾听一个朋友时体会的情感是一样的。想一下在生活的其他领域，我们如何做到这样。尽管知道这是很愚蠢的，但看到猎狗耷拉着脸时，我们会为它难过。我们为小说中的人物所感动，尽管他们只是小说中虚构的。因为想象着所爱的人发生了灾难，对此我们会感到不安，尽管我们知道那些灾难仅仅是想象中的，是不会发生的。

发现相似点，被表象所感动，我们人类的这种能力确实是太神奇了，或者说可能这恰恰就是我们的神奇所在。我们体会音乐所表达出来的情感，这很神奇，或者说这是音乐本身的神奇之处。

有些音乐是深奥的（deep），但是能和大海的深度（deep）一样吗？有些音乐是轻松明快的，但是能和羽毛的轻（light）或者白天的明亮（light）一样吗？还有，有些音乐是伤感的，但是能和人们的悲伤一样吗？

不管在音乐中所表达的程度如何，除了音乐本身以外，我们在音乐中所找寻出来的意义一定是难以表达的。

相关阅读：

30.哲学的谜团——从“我思故我在”到一点语法

33.现代社会的野蛮人

19.羊驼会坠入爱河吗？

【科学/知识】

18
如何证明“所有的青蛙都是绿色的”？

索菲和苏西从旅馆的窗户往外望去，她们被忧郁、苦恼、绝望所覆盖。雨下得非常猛烈，冷风呼啸着。今天是她们第一次进行学校实习。从清晨开始，她们就想着出去转转，穿着不大合适的惠灵顿靴子，披着雨衣，裹着头巾，艰难地穿过沼泽，但是目的是什么呢？是去找寻证据来支持或反对“所有的青蛙都是绿色的”这个青蛙假设。

“谁在乎青蛙和它们的颜色啊？”索菲喃喃自语道。

“我敢打赌老师已经知道答案了。”苏西接着补充道。

“这些都毫无意义，除非实习的出发点就是让我们遭罪。”她们沮丧地互相看着对方，同时叹息道。

突然，索菲的脸上闪过一丝笑意。“看，苏西，难道你不记得我们有个星期上过的逻辑课吗？”

苏西回忆起这另一个折磨人的时刻，叹息了一声。“不要跟我提逻辑，都是一些关于A什么，B什么，如果这样那样，那么就会怎样怎样，还有什么这个是从那个中得出的，或者那个是从这个中得出的这类的问题。”

“对不起，苏西，我尽量避免提到A什么，B什么，但是刚才说的确实值得考虑。假设所有的青蛙都是绿色的。”

“说对了，”苏西说，“假设这样，假设那样。但是，好吧，我都假设得没了。”

“嗯，如果所有的青蛙都是绿色的这话是完全正确的，那么，接下来一定会有如果我们看到一些东西不是绿色的，那么它就不可能是青蛙。”

“即使我可以理解那个，但又怎么样呢？”

“我可以再补充这么一句，如果所有不是绿色的东西都不是青蛙，这句话是真的，那么，就可以说所有的青蛙都是绿色的，那么，我们所见过的任何一只青蛙都得是绿色的了。”

苏西叹息了一声，但是索菲继续说着。“看吧，所有的青蛙都是绿色的和所有不是绿色的东西都不是青蛙，这两种说法是一样的。”

“好吧，”苏西打着哈欠说，“听起来都那么有趣，但是，我们最好赶紧起床，快穿上那些讨厌的橡胶雨靴，去面对那可怕的大雨吧。”

“你还没有搞明白，是吗，苏西？看吧，我们完全不需要下床，不需要离开这温暖的旅馆。就在这个房间里，我们周围有无数的东西，可以帮助我们支持所有不是绿色的东西都不是青蛙这个假说，那些东西也就是支持所有青蛙都是绿色的这个假说的东西。这两个假说相当于在说同一件事儿。我们不用下床，就可以作我们的动物研究。”

说完那，索菲开始在她的研究书里写上词目，列举了她所能想到的可以支持所有青蛙都是绿色这个说法的证据：

一只泰迪玩具熊（不是青蛙）：粉红色（不是绿色）

两只枕头（不是青蛙）：紫色（不是绿色）

如此等等；

苏西也跟着做，不久就开始作自己的列举。“毕竟，我们不想被指抄袭。”她咯咯笑道。

衣柜/棕色，猫/黑色，灯罩/紫色，老鼠/灰色

“老鼠？”两个女孩都尖叫道，不过，那是另一个故事。

粉红色的泰迪熊如何能证明所有的青蛙都是绿色的？

我们先提供一些背景吧：依据的是一种归纳推理。以前的规律经常引导我们期望那种规律能在未来继续。在宣扬规律的过程中，在一定意义上，我们也是在宣扬相似点，而摒弃了很多不同点。我们也会将规律

发生的环境考虑进去。仅仅因为我们所知道的人住在欧洲，我们不可断言所有人都居住在欧洲。如果我们从没有考虑过有哪些东西存在于欧洲之外，我们所得出的结论就会有失偏颇。

归纳推理需要小心利用，然而，不管多么小心，都没有什么逻辑性的保证能保证所提到的规律将一直持续至未来。尽管如此，一些科学家和逻辑学家——以及我们有着普通思维的人，接受这样一种观点，那就是有些特定的既有规律构成了一些证据，确实是这样，有时候还是一些很好的证据，用来支持那些规律的持续性。如果你在很多不同的环境中偶尔碰到了很多青蛙，它们中的每一个都是绿色的，那么，你就有证据来支持“所有青蛙都是绿色的”这个整体的普遍性。那些所提及的青蛙实例“支持”普遍性，尽管支持的力度很小。

我们的矛盾——也就是亨普尔确证悖论出现了，因为我们认为那些实例确实支持了整体的普遍性。结果，非绿色的东西不是青蛙的实例——这种实例，比如说粉红色的泰迪熊、紫色的枕头和黑色的猫支持了“所有不是绿色的东西都不是青蛙”这个普遍性。可是，那个普遍性看起来等同于“所有青蛙都是绿色的”这个说法。如此说来，找到一个粉红色的泰迪熊看起来就像是等于找到一只绿色的青蛙，这样来证明“所有青蛙都是绿色的”这个普遍性。然而，这又是多么的矛盾。

为了克服矛盾，我们能做些什么呢？或者，难道说我们应该屈从于所得出的结论？嗯，对于“所有青蛙都是绿色的”和“所有不是绿色的东西都不是青蛙”这两者之间的对等，我们为之高兴，后者是作为前者的“对调”吗？当我们读到那些句子时，我们将关注点放在了不同的东西上，首先是青蛙，然后是非绿色的东西。然而，经过考虑之后，我们可能会接受这样一种说法，那就是它们是在说着这个世界上的同一件事儿。所以，看起来，那些能作为一个观点的充分证据，也就同样可以作为充分证据来论证另一个观点。

就像所说过的，悖论假设在一定程度上，普遍性是通过它的实例来支持的。那听起来又觉得貌似很有道理。我们如何开始接受这种观点？比如，那些纸可以点着，你的手不会变成铜，以及你的头明天不会变成一个黄色气球。

或许我们应该接受那个矛盾的结论。粉红色的泰迪熊、紫色的枕头、黑色的猫，这些都支持了“所有青蛙都是绿色的”这个说法。或者，为了反对这个结论，还有其他什么要进一步说明的吗？

可以说的还有很多，这儿再说一点儿。或许我们在偶尔支持普遍性这个假说的断言的时候，出了差错。或许我们应该选择支持，只因为接下来会相信那个假设很可能是真的。一旦处在了合理信念的范畴，我们就需要注意已有的信念和常识。

我们所已经知道的是非绿色非青蛙的物体的数目（这包括前面提及的泰迪熊、枕头和猫，还有数十亿的昆虫和上万亿的原子）远远超出了青蛙的数目。进一步讲，我们接受青蛙形成一个自然分类，而泰迪熊、枕头和猫却不能形成这样的分类。还是进一步说，在发现特定的非绿色非青蛙的物体——比如说，一些粉红色的泰迪熊——过程中，我们很可能支持像“所有青蛙都是黄色的”“所有青蛙都是蓝色的”，甚至“所有青蛙都是骆驼”这种说法。所以说，虽然“所有青蛙都是绿色的”和“所有不是绿色的东西都不是青蛙”这两种说法对等，但是不能就此得出，在接下来怀疑所有青蛙都是绿色的这个说法上，一个粉红色的泰迪熊和一只绿色的青蛙能够提供相同程度的理由。

当我们寻找证据来证明提出的整体的普遍性时，我们应该怎样着手呢？嗯，根据手头上的情况，找出一些绿色的青蛙比较有用，但是，在合理的场合下，找出粉红色的泰迪熊也会有所帮助。

假设索菲和苏西艰难跋涉到了沼泽地，在沼泽地里有无数的青蛙，所有的青蛙现在看起来都是绿色的。索菲接着明显注意到有些不是绿色的东西在周围摇动，一个粉红色的东西。那是否是个被遗弃的泰迪熊，而不是青蛙？这样想，会有所帮助。去查出那个东西是一只泰迪熊，很有必要这样做，要么，那就是一只粉红色的青蛙，而这对于青蛙假说来说，就是一个反例了。科学研究涉及收集证据以支持一种观点，同样也涉及找寻证据反驳所提出的假说。

很矛盾，用以证明普遍性的实例有时候恰恰破坏了对普遍性的支持。假设那个假说是“所有青蛙都生活在女王的房子外面”，那么，我们在房子外面碰到了很多青蛙，确实，它们都是绿色的。除非有更多有效的信息，否则这些青蛙将会证明绿色的青蛙也生活在房子里，而不是在房子外。青蛙不会因产权趋炎附势。

这些都表明了什么呢？仅仅是支持我们的信仰，相信所有这些或所有那些都很不简单。然而，我们在对这种信仰的把握上又非常的融洽，这很矛盾。

相关阅读：

27.小羚羊、树懒和鸡

14.教化：我的信仰错了吗？

2.伊莎贝拉的困惑

【情感】

19

羊驼会坠入爱河吗?

请允许我给你们介绍两个朋友吧，蕾拉和路易斯。

蕾拉和路易斯像是两个恋爱中的恋人，他们总是形影不离。一个人走开，另一个人就会跟出去。我们知道事情会那样进展，因为当蕾拉第一次见到路易斯的时候（他从秘鲁来），她就忍不住盯着他看，这完全可以理解，因为他长得高高的，表情得意而且还很英俊。路易斯对于她的注视，回视了一下，这也可以理解，因为蕾拉是个美人儿，优雅细嫩的脖颈，一闪一闪的大眼睛，还有可爱卷曲的齐耳秀发。那就是一见钟情，而且那种爱恋一直延续着。尽管这么多年过去了，路易斯和蕾拉还经常互相咬耳朵，蕾拉走在路易斯的旁边，看起来非常赞赏他的步伐，天真无邪的眼睛里充满了爱恋。路易斯的同性朋友会随便和帕姆、琳妮或者哈里特打闹嬉戏，但是路易斯仍旧对他的蕾拉保持忠诚。

不管是好的还是差的，爱情可以产生那种效果，考虑到一些文学修

饰，我们的概述，原则上适用于我们所知道的情侣。人们谈恋爱——一见钟情也好，后见钟情也好，保持恋爱关系，虽然那种爱会朝不同方向发展。现在所引起的困惑是，当蕾拉和路易斯是两只骆驼，或者任何类似的生物，比如羊驼、美洲豹、斑马或者田鼠时，以上概述能真切地描述蕾拉和路易斯的情况吗？

“田鼠？”你问道。描述中涉及到田鼠，是因为大草原上的田鼠在结合这个意思层面上，非常遵从一雌一雄制（单配制），虽然不是那种特别明显的两性单配制。一旦两只大草原上的田鼠相结合，它们就会并作一团，就像是一只田鼠一样，它们互相保护着对方，生活在一起，这与牧场上的田鼠跟那些失去配对方的牧场田鼠任意乱交形成了对比。

田鼠的这个生活方式的发现，使得有关牧场田鼠永恒的爱这个新闻报道出现了，它与牧场田鼠寻求即时性需求和“我想要空间”这种内驱力是如此的不同。

对比民众化的报道，我们不需要把“谈恋爱”与永恒的结合捆绑在一起。我们把关注点放在陷入爱恋的是什么上吧，这样的话，是否只有人类能成为情侣。我们把我们自己限定在浪漫的或是性欲的爱恋上，我们不是在探讨父母对孩子的爱以及竞选者人道主义之爱这些问题。

羊驼会坠入爱河吗？

现在，羊驼以及其他动物在谈恋爱以及维持恋爱关系方面，会有和人类一样的举动，这是很有可能的。这儿的“可能”是一个逻辑上的可能性，按照以上所描述的，两只羊驼生活在一起没有什么不可能发生的，除非在是否真的是“爱”这个方面有问题。

从生物化学角度上来看待爱，我们可能禁不住会将恋爱中的人看作仅仅是比动物配对制较为复杂的这样一种实例。科学家说起了加压素受体和它们的神经位置。大草原上的田鼠，不像是牧场上的田鼠，它们在所处位置范围内有足够的受体，所以，一对独立的草原配偶因阳性强化刺激而走到一起，这样也就解释了与那个配偶的结合。草原田鼠开始迷于（爱恋）它们的配偶，并且一直保持效忠。如果像花花公子似的牧场田鼠减少加压素受体，不再那么频繁地乱交，那么，它们也会形成一种一雌一雄的配对关系。

的确，浪漫的爱情常被比作一种上瘾，一种源自于生物化学上的上瘾。你遇见一些人，因为足够喜欢他们而想要再见到他们，并且，如果事情进展顺利，你不久就会渴望有他们来陪伴。这就像是可卡因，吸食了一点儿之后，你就渴望吸食更多。如果是伴侣跟其他人出去，你就会感觉在遭受被抛弃的痛苦。

如果爱仅仅被理解为这种上瘾的行为——如果上瘾是通过生物化学来解释，那么，羊驼也是可以陷入爱恋并保持爱恋的。但是用生物化学术语来看待爱的话，可能会造成我们看不出对个体来说，爱意味着什么。大脑的生物化学特征或许可以帮助我们解释个体是怎么样开始恋爱的——就像是神话中爱的万能药一样，但是他们并不能就此表明什么是爱。知道水是由氢气和氧气组成的，并不能展现出水的湿度，展现它的止渴特性，以及我们如何能在海洋中游泳，还有我们如何被雷雨惊吓住这些问题。

如果路易斯爱蕾拉，他当然对蕾拉有强烈的依赖感。不管路易斯和蕾拉是羊驼、是人类还是草原田鼠，这种分析都是正确的。可是，依赖感并不足以建立起爱的关系。你可能很依赖你的车、你的工作还有威士忌瓶子，但是，通常他们最多只能是比喻成你爱它们。爱的依恋中掺杂着各种估量，估量被爱的一方是否非常重要，估量对方是否值得对他们好。你或许很看重你的车，但是你不能从它的想法上，为了激发它的兴趣而真的做出一些事情，因为车本身并没有想法。你也不能为了它的利益而做事。

现在，羊驼确实拥有它们自己的想法。我们人类可以重视羊驼，为了它们的利益而故意做些事情，从而进一步激发它们的兴趣。羊驼路易斯会以这种方式来进一步激发羊驼蕾拉的兴趣。或许他挪到一边是为了蕾拉可以吃到更好的草，或许在出现攻击者时，他是为了挡住蕾拉。可是，这种举动就表明了他重视她并且是在“为她的利益”而行动吗？

羊驼不会用语言表达，确实，他们看起来完全不会语言。可是，有些人会辩论说通过羊驼所作出的举动就能充分表达它们对对方相关的评价和关心。如果路易斯作出以上描述中的举动，那就表明他是珍重蕾拉的。然而尽管确实是那样，我们可能感觉他的行为还不足以建立起爱恋关系。行为举动表达不出路易斯是在为了蕾拉而做，是为了蕾拉的利益而故意那么做。

我们也考虑一下有关爱的附加特征以及关联特征吧。

比如说，很多情侣都相信是爱增强了他们的生命。当然，他们也许是错误的，因为也有悲剧性的爱存在。可是，当情侣们彼此珍重、珍惜他们的恋爱关系并且做出一些讨对方欢心的事情时，爱情之花就会怒放。如果真的是处在爱恋之中，路易斯就会看重对蕾拉有利的事情，如果他后来开始意识到自己也被蕾拉珍重的时候，路易斯的那种依恋会加深。路易斯不断加深的爱恋被蕾拉感觉到时，就会进一步加深彼此对对方的依恋。

此外，想要与被爱的人在一起的渴望，也是有原因的。对于为什么他们喜欢与被爱的人在一起，情侣们自身可以给出种种原因。那些原因或许是错误的原因，或许是勉强凑合的原因，但是，情侣们坚持说他们相爱真的没有一点儿原因，这是不可能的。

羊驼以及其他非人类的动物是否能陷入爱恋并保持恋爱关系这个难题，正如之前所理解的，实质上是我们是否能正确地将非人类的动物放在精神或心理特征的范畴内来考虑。那些特征包括意识到依恋的原因，为了被爱的人的利益而珍重对方，以及判定因爱而使彼此的生命增强。认为非人类的动物在一定程度上拥有一种能力，因某种理由而作出举动以及决定为讨好他人而行动，这种观点远不是似是而非的。所以，除非把爱看作不仅仅是一种依恋需求，更多是心理上高深度的需要，否则，就没有什么充分的理由相信羊驼——或者海豚或者田鼠能够陷入爱恋之中，可以保持恋爱关系并且可以成为恋人。

我们经常会把我们的心理放置在非人类的动物，甚至是无生命的东西上来。我们可能在动物的位置上来想象我们自己，用之后可以正好适用于我们自己的方式来描述动物的心理状态。为什么我们会把这看成仅仅是一种折射或是比喻——动物本身并不是真的就处于这种状态之中，那是因为精神状态或心理状态本质上讲是与信念相关的。现在，信念要求拥有概念，概念又指向了拥有语言，但是，有人会辩论说，非人类的动物缺乏合适的语言结构。所以说，他们缺乏很多复杂的精神状态或心理状态，其中包括那些爱情所需要的状态。

羊驼可以感觉到高兴，可以嗅到气味，也可以依偎在发出气味的东西旁边，但是那就表明它们拥有对这种事情的信念吗？或许很多非人类的动物能够拥有类似于简单的信念的状态，但是这很难明白没有语言，非人类的动物如何能拥有推论、解释，以及通过做事来讨好他人这种概念。而没有这些概念，路易斯就无法爱上蕾拉。爱情可能是盲目的，但不是那种盲目法。

相关阅读：

20.仁慈与法律制裁

22.青蛙和蝎子

26.偏好：避免金钱流失

14.教化：我的信仰错了吗?

【道德/法律】

20

仁慈与法律制裁

在战争年代，让我们想象一下一位叫波西的爵士挑战一位叫沃辛汉姆的勋爵。那是一场非得分出你死我活的决斗。他们约在黄昏见面，手枪也都准备好了。头巾掉了下来——这是事先约定好的信号，他们彼此向对方走近。那位高贵的勋爵，非常紧张，他迅速地开了两枪，速度太快了。结果他失手了。波西爵士走近他，他的手枪在阳光下显得闪闪发光。他的双眼看着沃辛汉姆的双眼，这个人使他戴了绿帽子，他是那么地痛苦。结果，沃辛汉姆任由波西爵士摆布。

波西爵士的支持者都赞扬他的仁慈，因为，尽管他是一个技术超赞的神射手，但是他开枪后仅仅是擦伤了那个高贵的勋爵。波西爵士没有将沃辛汉姆勋爵一枪毙命，然而荣誉感使他感到满意。可是，波西的反对者们，小声嘀咕说他一点儿都不仁慈，他“仁慈的”举动只是为了让那个欠债的勋爵将来助他在社会上进一步发展。

仁慈的举动指的是那些在所讨论的规则之下或者假设之下，需要很严酷对待，但事实上没有那么严酷地去做的行为。恰当的仁慈举动就要立足于接受方对仁慈的接受程度。“惩罚错误的做法本身就是完全错误的。”塞尼卡这样说。

当某个人受到伤害的时候，他表现出对害他的人以仁慈之心，他也会原谅了那些害他的人，这也许会消除他的怨恨，他的气愤。尽管这样，宽容和仁慈也是不相干的。有些女人也许会原谅强奸她们的人，但是她们很少是处在仁慈的位置上，而且即便是心里原谅了，她们也可能反对在量刑的时候对强奸犯仁慈。尽管波西爵士表明了他对那个高贵的勋爵真的仁慈，但或许他永远不会原谅他。

“仁慈的人是幸福的。”不管是不是信徒，人们都将仁慈看作是一种美德，因为他们确实懂得宽恕。可是，仁慈不能被需要：为了获得仁慈，我们乞求。假如当局使放款人权利合法化或者绑架者有权利通过非法手段将受害人杀害的话，那么，仁慈就是当局人士可能会选择给予的一件礼物。

法律制裁应该用仁慈来调节，这是一种共识。可是，调节法律制裁，就是用仁慈来干预法律，并且这种干预看起来似乎也就降低了法律制裁的公正性。

仁慈经常不公正吗?

难题源自于两个前提之下。第一个前提，虽然或许鼓励人们仁慈，但是仁慈不是必需的，给予仁慈，是我们自由选择的。第二个前提，人们要求进行法律制裁并且给予法律制裁是人们所应得的。

看一下两起法院案例，是关于两个看似有相似犯罪和罪犯的案子。一个法官，Merciful法官，通过减刑，表现出了他的仁慈；另一个法官，Strict法官，没有那么做。Merciful看起来违反了法律制裁的要求。量刑上的不同也看起来不公平。更近一些看，或许我们需要单独的一个范围，在这个范围内来执行法律制裁。

法律制裁应该在法律的基础上来审判，而不是在他们的同情和仁慈的个人情感上来审判。如果和缓的情况，法律会允许宽大处理的。Merciful法官和Strict法官进行不同的宣判，事实上可能是因为所站的角度上有一些不同之处。或许Merciful法官的罪犯和Strict法官的罪犯相比，有悔改之意或者是在被激怒的情况下实施犯罪的。宣判中的不同源自于很好地把握当时的情境。如果这样，Merciful法官就被错误地描述成了仁慈。人们根据法律来评判Merciful法官和Strict法官。Merciful法官的宽大处理并不是一件礼物，而是一种法律义务。

根据以上观点，可被允许的赦免和减刑应该不是仁慈的一种实例，而是对情境进行密切审查基础之上的法律制裁。如果密切审查不屈从于减刑的正当性，那么就不应该给予减刑。执行法律制裁的时候，仁慈是毫无立足之地的。

如果仁慈在法律制裁体系内毫无立足之地，那么，在其他情况及个人关系中，它又是怎么恰当发挥作用的呢？有时候，学校的老师因为转变了心意而取消迟到费。因为自己孩子的错误行为，父母可能会请求减轻惩罚，而不是按照学校原定的处理方式进行处理，他们会觉得抱歉，所以，只能让学校继续按照原定的方式进行。可是，这些宽大仁慈可能是来自于怜悯或是同情，它们对于褒奖“仁慈之心”来讲，太微不足道了。

如果风险需要进一步升级，那么死亡的可能就会增大。海盗、劫机者以及绑架者在还活着的时候放了他们的受害者，他们看似有仁慈之心。可是，这些严重情况下有着一些不道德的行为，这些行为极具危害性，是不应该做的。所以，对于劫机者还有其他人，已经有了既已存在的道德义务，这些义务使得他们不会继续进行他们的危害行为。这样，不是在赠与他们礼物，更合理地说，不值得对他们仁慈。

看起来留给我们的是相对琐碎的事例，比如说引用的老师和父母的那些例子，但是，表象是错误的。

在决斗的场景中——并且是在假设波西爵士和沃辛汉姆勋爵都赞同的场景下，怀着可能有的仁慈之心，我们面临的是一个关乎生死的问题。援引一下《威尼斯商人》里的比较有名的例子，当夏洛克非得要安东尼奥的一磅肉时，夏洛克竟然被波西亚强制着发了仁慈之心，取消了他的契约。如果我答应还10万英镑却没还，借款人会把我告上法庭，那会导致我的家庭破裂，会导致我整天以酗酒为生。可是，他们可能会因同情我而被打动，他们会对我发慈悲不告我。可以证明的是，在取消他们的契约权力中，借款人不会因此而被看作是不公证或是推卸责任。

以上概述的总体方法就是在正式的审判案件中，凡是法律制裁应该占上风的时候，仁慈就会无立足之地。有个地方，在那儿不会出现不公平的问题，一切看起来都再正常不过了。

我们有关仁慈的困惑有可能有解决的办法，但是解决办法太过简单。让我们还是回到波西爵士和他对沃辛汉姆勋爵的仁慈上吧。我们会夸赞那种行为，但是，正如上面所提到的，波西爵士并没有义务那样做。

假设波西爵士发现他自己又处在了另一场决斗中，有着相似的不光彩的事儿，他的对手也有相似的弱点，但是他现在所面对的是另外一个人，比如说，威灵汉姆勋爵。在这种情况下，波西爵士选择不再仁慈地对待对手。他现在所做的就是不公平吗？他对沃辛汉姆勋爵仁慈，但是对威灵汉姆勋爵不仁慈。公平一点儿说，他应该以同样的方式对待对手。进一步说，如果波西爵士仅仅是对沃辛汉姆勋爵仁慈，在相似的情景下，对其他人不也应该仁慈吗？

正如我们对Merciful法官和Strict法官讨论一样，作为一种所给与的自愿的礼物，仁慈，再一次失去了它的味道。如果在一种情况下它被证明是合理的，那么受公平性所趋，它也适用于其他类似的情况。这样，仁慈将不再是给予的礼物，而是对我们的一种品质要求，然而，矛盾的是，等到了那时候，那就不再是仁慈了。

我们都是人类，当我们任性而为时，尽管对公平有所冒犯，但我们看重的是不会因为什么原因而费力讨好他人。那就是怀有仁慈之心。在我们的生活里，应该有这种困惑状态，这一点儿也不惊奇。毕竟，我们是人类，所有人也都是人类。

相关阅读：

29.全知的上帝究竟知道多少？

24.特例：医生、良心和面纱

16.你为什么要施舍穷人？

【语言】

21
“没人”又是谁?

通过路易斯·卡罗尔的《爱丽丝梦游仙境记》中的一个简化场景，我们来处理这个难题。

“你在路上看见了谁？”怀特国王问道。

“‘没人’（Nobody）。”爱丽丝回答道。

“啊？在这个地方也能够看见‘没人’的。”怀特国王沉思后说。

当信使来到的时候，国王就变得更困惑了。国王问：“你在路上遇到了哪些人？”“‘没人’。”信使回答说。“很好，”国王说道，“这位年轻的小姐也看到他了，所以说，‘没人’走得比你慢。”

“什么？”信使生气地说，“我敢确定‘没人’走得比我快。”

“他不会那样，”国王回答道，“否则他会比你先到这儿。”

怀特国王将“没人”误认为是个名字（所以，我们上面的对话中将N大写）。可是，为了谈论“没人”，没有必要设定一个“没人”先生或者“没人”小姐。

我们谈论那种不存在的实体，谈论独角兽，谈论圣诞老人和睡美人。可是，我们现在的困惑更为基本，也更为大众化。我们如何能谈论那些在时间或空间上与我们相距很远的东西？或者谈论尽管很近，但仍和我们之间缺少联系的东西？当我们说到芝诺、莎士比亚以及牛顿时，我们怎么能知道指的是谁？毕竟，我们之中谁都没有见过他们。

最迅速的回应是，没有必要为了谈论某些东西而见它们。确实是这样。问题仍旧在于，当被用到时，一个专有的名字怎么能指一个特定的东西？当用到“芝诺”这个名字时，我们能说出一个有血有肉的芝诺，一个生活在多年之前的哲学家，而不是柏拉图、凯撒或者莎士比亚。

下一个迅速的回应可能是任何一个我们名其为“芝诺”的人，但是这也就使我们陷入怪圈之中，到底谁是那个人？

当然，我们的困惑是有关于命名的城镇、雕塑以及山脉，但是为了保持关注点，我们来思考这样一个问题：

我们如何能谈论生活在遥远过去的人们？

一个很简单的答案是我们所正在谈论的是一个在那时生活的人，不管这个人是谁，但他有这么一个相关的名字。可是，这通常又讲不通。在本章中当写到芝诺时，芝诺，这个哲学家，已经被证实，然而，还有一些其他的个人也被叫做“芝诺”，包括一些小猫小狗。确实，我们现在或许要坚持认为，如果提供相关的情景，指定的个人就是那以“芝诺”为名字的哲学家。可是，实际上那并不足以去指一个脑海中的特定的个人，因为应该也有其他的叫芝诺的人也是哲学家，确实有这样的。斯多亚学派的创办人基提翁的芝诺与埃利亚的芝诺大不相同。

以上方法涉及到用讨论中的名字来进行描述，比如，“哲学家”。在那个方法基础之上，我们或许会争辩说，为了表达明确，特定的名字要求与很多描述进行关联，并搜集整合这些联系。描述需要足够具体以用来说明一个个体，一个仅有的个体。在辨认一个个体方面，那种描述需要能唯一表达该个体。不管是哪个东西，只要符合了我们所描述的特点，那么他们就是我们所说的东西。

对于以上方法（指的是“描述”和“符合”理论），需要进行一些修饰，因为我们可能会对讨论中的个体进行错误的描述。进而，一些描述远比其他方面要重要得多。

在讨论芝诺的过程中，我们在此进行讨论这位希腊哲学家。他在约公元前460年的时候非常成功，它来自于埃利亚，他提出了很多运动悖论，他个头很高。但是，假设这样一个已存在的个体符合了所有除个头高以外的相关描述，那我们就应该这样来理解，我们正在讨论的是一个来自于埃利亚的希腊哲学家，等等，但是，我们在他的个头描述方面出了差错。他是一个提出悖论的哲学家这个描述比他的个头方面的描述有分量得多，甚至比他的体重更有分量。

所以，我们所指的历史人物是那些符合一系列描述的个体，在那些描述中，涉及到了我们所提到的名字。可是，这种所谓的以名字来辨认的方法，需要有对描述进行的认知（那些描述指定了东西本身），而在这方面，是有问题的。

有一个问题是，我们每天用无数的名字来谈论一些历史人物，然而对他们，我们缺少认知性的描述，因为我们并不认识他们。我们谈到拜伦、牛顿、柏拉图，还有芝诺，但是，我们中很多人很少能对这个名字进行描述。很多人可能对柏拉图的了解，仅仅是他是一个很重要的希腊哲学家，但是，这种描述难以专指一个特定的个体。学生们从老师说的话里知道了牛顿和达尔文这两个名字，然而，不理解谁都做了什么事儿。无疑，当学生们说错了时，“啊，是的，牛顿提出了进化论”，他们是在说错了有关牛顿的一些事儿，而不是说对了有关达尔文的一些事儿。

对于我们所指的人，我们常常比较倾向于指那些与我们所指相关的专家学者，认识到了这一点，刚才所概述的问题也就有了答案。或许我们对牛顿、柏拉图和芝诺了解得很少，但是当我们提到这些名字的时候，我们完全就是指那些个体。关于他们，相关学者拥有一定的认知信息，这些信息与讨论中的名字相关，与我们所拥有的最少信息相关。“芝诺？我指的是目前哲学悖论领域经常指的那个人，不论这个人是谁。”我们将“含义元”（meaning buck）传递给其他人，恰恰就是这些其他人，他们进行相关的描述分类，这些分类与讨论中的名字相关联。我们把这叫做“语言分工”。

以上所讨论的“符合理论”，还没有完全搞明白，又有了一个新的问题。我们能不理解成是专家搞错了吗？

专家认为莎士比亚写了《奥赛罗》《哈姆雷特》《李尔王》等书籍。就如常常所提出的疑问，对莎士比亚的认识可能是错误的或被证明是错误的。假设是错误的，当我们正说到莎士比亚的时候，会接着说到培根或马洛或者其他的作家吗？我们应该坚持认为我们经常说起莎士比亚。在找寻错误的原因的时候，我们说：“啊，所以说莎士比亚没有写过《奥赛罗》，而是另一个人写的。”在这个说法中，我们不是指《奥赛罗》的作者没有写过这本书，而是说莎士比亚可能没有写过这本书。

基于“符合理论”，我们将对通过描述分类所谈论的事情进行修正。但是，在很多情况下，那些描述适用于那个所要描述的个体恰恰只是偶然的，所以，他们事实上并不适用。亚里士多德可能并没有写过任何的哲学书籍。他或许是个养猪的农民，莫名其妙地，通过历史学家的过错或故意的错误解读，被说成了是写了《形而上学》的伟大哲学家。我们可以理解那个暗示，这个是确定的事实，这个事实表明，至少，需要细致地描述并且要非常小心地处理“符合理论”。

把话题转回到我们开始所讨论的“没人”上，那是一些不存在的个体，是虚构的人物，存在于与历史人物所不同的地方。

我们不得不通过描述认识奥利弗·特威斯特这个小说中的角色，因为除了查尔斯·狄更斯的描述以外，在没有什么更多关于特威斯特的信息了。狄更斯可能弄错了特威斯特的特点，这种观点毫无意义。相比较而言，认为我们弄错了关于荷马的一些事情，这种观点更为有道理。或许荷马，这位古希腊诗人，并没有写过《伊利亚特》和《奥德赛》这种荷马史诗，而是另外的某个人写的。我们或许会通过附加说明那个人也叫“荷马”来继续将这个困惑冰封起来。

相关阅读：

23.奶油与哲学家

25.掉落的大头针

30.哲学的谜团——从“我思故我在”到一点语法

【道德】

22 青蛙和蝎子

青蛙：蝎子女士，当我背着你游过河时，这种经历，我有种似曾相识的感觉。我猜我最终会是浑身粘粘的，哦，会到浑身湿漉漉，几近被淹死的地步。

蝎子：恐怕你说对了，青蛙先生，但是能把我带到河的对岸去，你真的很好。

青蛙：可是你正好提醒了我，在我们顺利过河前你为什么要蛰我？那太奇怪了，你知道吗，那会导致我们俩都溺水死亡的。

蝎子：那是我的天性。对此，我也没办法的。

青蛙：这个被伊索错误编造的话，你千万不要这么确定，因为对蝎子伸出援助之手显然也不是我的天性。但是，我还是那样做了。蝎子女士，如果可以，你能够控制你的天性的……

蝎子：那也至少是我安全到了河对面以后，而不是让你我都掉在了

水里。毫无疑问，对于这些事情，都有一个变化发展的解释说明。

青蛙：你在蛰我之前已安全到达河对岸，你通过进化已经具备了一种更好的自利的意识，毫无疑问，我注意到了你的这种想法的变化。但是，一方面是自利，你有没有听说过道德、善良和公平？你如何从道德上好好待我，而不是利用我，羞辱我？

蝎子：青蛙先生，你应该听从那些人类的话，不应该吗？是的，他们处理这些事情——虽然与蝎子和青蛙没有什么太大关系，从根源上来讲，是受道德驱使吗？

青蛙：问得好！毕竟，我们这些非人类的生物是没有道德意识的。呃，但是我们是自然选择的进化产物。

蝎子：难道人类就不是吗？他们和我们一样，都是自然界的一部分。你说得没错，青蛙先生。天性中没有道德，这正好证明了我接下来的叮咬。

青蛙：（开始发抖）：或许人类是对的，他们坚持认为他们是在上帝的想象中被造出来的。或许道德意识是神学的一个闪光点，但是它可能不是自然的闪光点，因为自然告诉我们事物是怎样的，而不是他们应该怎么样。

蝎子：不要再提什么神学闪光点了。人类的道德意识仅仅是得益于进化的另一个产物。如果你听从进化者的胡言乱语，他们会作出更多解释，解释那些拥有道德意识的特定类别的生物与其他生物相比，怎么更有可能步入繁盛。原来，他们的基因就是那种更有可能激增的那类。

青蛙：你的意思是，最终，按照道德标准做仅仅是自然天性，是归因于特定的基因上的生存优势。

蝎子：是的，如果一个物种尽心照料他们的幼年成员，帮助其他人或者对近亲表现出特殊的关爱，那么，这个物种，还有它们的基因很明显更有可能繁盛起来。尽管我们这些小生物做那种事情，只能做到不同的地步。想一下蚂蚁、蜜蜂和狐獴，看起来也会发生自我牺牲的例子，但是他们是没有道德意识的。它们不会判定帮助他人就是他们应该做的，只是他们会那么做。

青蛙：我明白了。在天性中，并没有道德上的应该，甚至对人类的天性来说，也是没有的。

蝎子：归根到底，人类的善良、自我牺牲以及诉诸正义并不比我的天性神圣多少、超级多少。我的天性——哦，真是不好意思啊——就是叮咬……

结果，水花溅起，蝎子掉到了水里，大口大口地喝着水。

道德的根源是什么？

道德困惑着很多人，甚至也困惑着那些感觉宇宙的存在不需要上帝或神灵的人。可是，道德真理的存在——这些道德真理在道德意义上讲，我们应该或者不应该做的事情——使得很多人转而探索神学根源，比如说《圣经》中的十大戒律：你不可以杀害他人；你不可以与人通奸，等等等等。实际上，有很多很多神学上的戒律，在现代社会，它们渐渐被忽视了。

据判断，道德，关乎上帝教导我们哪些是应该做的，是神圣的法律制造者。人类——跟青蛙和蝎子相比，在理解神圣的法律问题上，拥有特有的能力。所以，对怀疑的假设，总结一下就是：

如果客观的道德真理存在，那它必然存在着掌管它们的上帝。

根据这个假设，辩论会以两种方式中的一种进行。要么你相信客观的道德真理是存在的，这样你得出这样一个结论，那就是上帝也必然存在；要么你否认上帝的存在，所以你也否认客观的道德真理存在。

这个假设一定会被接受吗？答案是“不会”。或许有第三种方式，这第三种方式介于道德作为神明而存在和道德作为幻觉而存在之间。首先，我们看一下有关神明的答案，然后转向是否存在与幻想明显不同的第三种方式。

思考一下这个提议，善良（包括正直）是受上帝所指挥的。说保护无辜的人类生命是善良的，也就是说是上帝让那么做的。这种概念就是，善良是由一些至高权威所决定的，是我们所应该遵守的。下面一个很自然的问题就是：上帝怎么决定善良是什么，这样要指挥人们做什么？在此，我们有两个可能的答案。

一个答案是，善良不依附于上帝而存在，所以，上帝，作为一个特定的人物，选择命令人们做出善良的行为。在这种理解基础之上，上帝倡导善良的行为因为行为本身是好的，善良的行为之所以不好是因为上帝认定它不好。如果我们按这种方式来想，客观的道德真理不完全依附于上帝。所以，在没有上帝帮助的情况下，我们人类揭示那些真理，也是可能的。当然，客观的道德真理是独立于上帝而存在的。

另一个答案是，什么可以算是善良的行为是由上帝来确定的。不论是什么，只要是上帝通过定义来命名的好的东西，那就是善良的行为。假如他命令杀死长子——依其所述，他曾经没有在埃及下过这样的命令吗？那么，这种杀害，在道德上讲就是善良的行为。假如他下令让男人拿女人像奴隶一样对待，那么，这样对待女人就将是善良的行为。对以上论点的反对原因是，在理解道德是什么的问题上太过离谱。当然，对此，神圣的信徒的回答是，上帝是不会下发这样的命令的，因为他所做的一切都是善良的。可是，这个回答将我们转移到这个问题上，那就是对什么是善良的定义，是与上帝给予的定义是明显不同的，否则，不论上帝怎么样，都将算是善良的行为。

有时候有人提议说上帝就等同于善良。可是，这种观点作为什么使得善良的行为是善良的这个问题的解释而告终，这个问题完全没有一个充分的解释。如果对这个问题的回答是，“但是上帝也关心人类”，那么，难题就变成了上帝是怎么能有这种个人化的特性这个问题。

需要注意的是，将道德与上帝捆绑在一起，并不会帮助我们了解什么是好，什么是坏。古代文献认为“至善的经文”引出这样一种矛盾的答案：证明宗教之间以及同一种宗教中所存在的冲突。对于在道德的辨认上，“这样写”没有什么可靠的方法。

如果这种神圣的理论被驳回——我们只不过是给这场争论调了一下味儿，我们是否就只剩下把客观的道德看作是一种幻想，看作是由蝎子女士所概述的那样？

所提出的第三种方法是，道德真理需要的既不是神圣的理由也不是迷惑。真理的存在是在气候变化以及地球绕着太阳旋转这种现象之中。这种真理是客观的，是不受人类想法约束的。现在，如果在本质上存在完全根据经验的事实，比如说“杀人在道德上是错误的”或者“你不应该不守信用”，这些都是特殊的个例。

可是，我们应该放宽我们的眼光，拓宽我们的思维。想到数学真理，常常被看作不受人类的约束，当然也不指向上帝。它们是客观的必然的真理，然而，当我们在森林里闲逛，我们看到树、啤酒罐还有兔子，而不是数字、直角三角形和抽象的三段论推论。或许，因为有着数学真理，道德真理才能客观而不用借助于神的力量。确实，不同于数学真理，道德真理告诉我们应该做什么，但是那只是它们的特性。确实，有时候我们对道德视而不见。但是,自然世界和数学世界之中，也有很多现象是我们熟视无睹的。

有关道德的很多冲突或许暗示出客观性的缺乏，但是，那些冲突常常是关乎道德的应用，并且，那些冲突也引发了数学在世界上的应用。来自很多不同社会团体中的许许多多的人认为，其他事情是平等的，无辜的人们不应该被杀死，承诺应该要遵守，人们应该被公平对待。当周围的环境使得这些原则发生矛盾时，以及当各种事实存在冲突时，比如说，人类的胎儿是否是人，猎狐的行为是否很残忍，以及你是否应该失信，如果这可以减轻某个人的伤痛的话，这时，就会出现进退两难的情境。

对比蝎子和青蛙，我们是一种高智商的生物，对于未来，我们可以思考，可以推理，也可以筹划：这种属性提供给我们进化的优势。因为有智商，我们也能辨认出抽象的数学真理，识别道德真理。现在，能揭示这种真理的能力或许可以也或许不会有助于我们的生存。有关进化的解释能说明什么是优势，但是那种有利的方面或许有着与生存无关的特征。

毫无疑问，我们生存价值体现于有关我们长有耳朵这种现象的进化论解释之中。耳朵的一个附加特征是它们可以放置眼镜架这个能力，但是，对于耳朵的存在，其进化论解释中，完全读不到有关放置眼镜这个功能的信息。

相关阅读：

29.全知的上帝究竟知道多少？

25.掉落的大头针

5.“但这是艺术，亲爱的玛蒂尔达阿姨”

【知识/推理】

23

奶油与哲学家

请允许我通过一个谜的形式向你们介绍常识的重要性和本性。

假如十位哲学家，去参加一个国际性会议，在刚刚吃完了一些极好的奶油点心之后，吃的过程中觉得特别高兴，而现在正坐在餐桌旁，这个餐桌呈半圆形。除了他们自己的，他们可以看到每个人的脸。不允许照镜子，也不允许斜视，并且他们不准商量。你是一位非常严格的侍者，正在凝视着他们所有人。没有哪个哲学家知道他嘴唇上有奶油，他自己看不见自己。这次仅有两人胡乱地吃过，他们的嘴唇上都有奶油，另外的人嘴唇上出奇地干净。作为哲学家，他们所有人，自然完全是乐于遵守指令的理性推理家——当然喝醉的时候除外。

你对他们说："知道自己嘴上有奶油的人，举一下手。"他们中都可以看到至少有一个嘴上有奶油的哲学家。至少有一个嘴上有奶油的哲学家，这是互相都知道的。可是，并不是他们中的哪个人知道他自己是嘴上有奶油的。所以，没有人举手。重要的是，如果你再重复一下刚才那个问题，也还是没有人举手。没有哪个哲学家能通过推理来得出他自己就是那个嘴上有奶油的人。

现在，除了那，假设在每个说明前面加上一个前提，你这样来宣布："你们当中至少有一个人是嘴上有奶油的。"当然，他们知道和刚才第一个情节里面一样的事情：他们都能看到至少一个嘴上有奶油的哲学家。可是，你刚才的宣布似乎就很奇怪，跟他们所看到的不同。你现在又说："知道自己是嘴上有奶油的人，举一下手。"没有人举手。你又说了一遍："知道自己是嘴上有奶油的人，举一下手。"令人惊讶的是，有两个哲学家，仅有他们两个，这次确实把手举了起来。然而你说的他们都知道，但是，你这次的宣布使得结果不同。

为什么嘴上有奶油的哲学家现在举起了手来？

一个嘴上没有奶油的哲学家能看到两个嘴上有奶油的哲学家，比如说是阿罗和泽克。他们的推理是这样的，在第一次那种情况下，阿罗和泽克都没有举手是因为他们每个人都认为，可能他们所能看到的嘴上有奶油的哲学家是仅有的一个嘴上有奶油的哲学家。

举个例子，嘴上有奶油的阿罗所能看到的仅有的一个嘴上有奶油的哲学家是泽克。阿罗这样推理，很明显泽克在第一次的时候没有举手，因为他一定是看到了其他一个嘴上有奶油的哲学家。但是，除了泽克，阿罗看到其他的没有哪个哲学家是嘴上有奶油的。所以，在第一次没人举手的情况发生之后，阿罗立马总结说他自己一定是嘴上有奶油的。泽克作了相同的推理。所以，当第二次又被问到时，两个哲学家，在都推理出自己是嘴上有奶油的之后，举起了他们的手。

结果之所以会不同，是因为宣布的内容的原因。通过你宣布的内容，阿罗了解到泽克知道至少有一个哲学家是嘴上有奶油的。在那个宣布之前，虽然泽克知道至少有一个哲学家是嘴上有奶油的，但阿罗不知道泽克知道。哲学家们对其他人所知信息的了解是通过你的宣布内容来获得的。阿罗和泽克都开始明白，对方知道他们之中至少有一个是嘴上有奶油的。他们在小程度上知道对方所了解的信息——将知道其他人所了解的信息这种情况命名为2级，据此，他们能够进行推理。

我们所讲述的嘴上有奶油的哲学家的故事中，仅有两个嘴上有奶油的哲学家。假设你之前进行了宣布，可以证明的是，当有N个嘴上有奶油哲学家的时候，那些嘴上有奶油的哲学家都会在第N次的时候举起他们的手来，当然，如果他们真是嘴上有奶油的话。如果没有最初的宣布内容和之后的了解程度，那么，也就不会出现举手的情况。

再换个例子，假如仅有三个嘴上有奶油的哲学家，阿罗、泽克和鲍勃。在第一次的说明中，没有人举手，鲍勃可以知道其中的原因：那是因为鲍勃认为阿罗看到了泽克，阿罗可能认为泽克是那个唯一的嘴上有奶油的哲学家。用同样的推理，鲍勃也会认为泽克所想的。所以，在第二次的时候，鲍勃仍然没有举起他的手，但是现在，所看到的是，比如说，阿罗也没有举起他的手。那么，鲍勃就知道了那一定是因为阿罗看到了除泽克之外的另一个嘴上有奶油的哲学家。鲍勃现在意识到那另外的嘴上有奶油的哲学家就是他，所以，在第三次的时候，他举起了他的手。阿罗和泽克在进行了同样的推理后，也都举起了他们的手。

对于我们的嘴上有奶油的哲学家，是你——这个侍者，作了宣布，使得他们开始踏上了探知其他人知道其中至少有一个嘴上有奶油的哲学家这条求知之路。而且，我们会在这条路上——也就是去探知他们知道其他人知道他们知道这条路——继续前行，由此继续下去。看起来，共识有着这样一种特征，那就是认知的无休止重复。比如说，只有两个嘴上有奶油的哲学家，泽克仅仅需要了解到阿罗知道他们之中至少有一个是嘴上有奶油的，反之亦然。

当然，我们中的大多数人并不是逻辑学家，也没有哪个人是完美的推理专家，而矛盾的是，在我们的日常生活中，我们依赖于共识或者是基本的共同信仰。之所以说矛盾，是因为我们都是有限的生物，而共识和共同的信仰似乎使我们陷入了潜在的无限的重复之中。这儿就有一个例子。

在英国，为安全起见，要求我们靠路的左边来骑车。当在一条很窄的路上时，我看到一辆行进的机动车，我应该转向左边——假设另外一个司机知道这种惯例。但不仅仅是这种惯例——他需要了解的是我也知道这种惯例。而我所要知道的不仅仅是那些，因为我需要了解他知道我知道这种惯例。以此类推……没有共识、共同的信仰或者至少表现得像是我们有这些，那么，那将没有语言，没有社会生活，没有最理想的状况（或者，更确切地说，最糟糕的状况），我们应该被隔离起来过着隐士的生活而完全不去认知人类的生活。

约翰—梅纳德·凯恩斯说到了报业的竞争，其中，竞争者不得不从一百张照片中选择六张最漂亮的面孔。谁的选择最接近竞争者的平均喜好，那么，这个人就是赢家。所以，为了赢得竞争，一个竞争者不得不选择那些他认为很可能吸引其他竞争者的面孔，而不是选择他自己认为最漂亮的面孔。当然，其他人也是从这样相同的角度上来看待这个问题。所以，还需要采取下一步的行动。让我们来看一下。

为了赢得竞争，不要选定谁是最漂亮的。为了赢得竞争，不要选定那些在大多数竞争者看来真的是最漂亮的。为了赢得竞争，你必须发挥你的聪明才智，预言一下在这件事情上，大多数竞争者希望得出什么样的观点。但是，当然，如果你能步入下一步，正确判断出在这件事情上，大众观点是什么，甚至能找出如何采取下一步行动，那么，就更有可能保证获胜。

这样说来，社会行为（在宣布的信息中，在惯例中）中的那种无声的语言，是共识和共同信仰的一种重复，虽然，在实践中，没有无限的重复，我们当然也能生活。现在，那成为一种困惑，或者，只要我们完全有理性，只要我们都是完美的哲学家，那还会是一种困惑吗?

相关阅读：

31.无穷、无穷数和希尔伯特酒店矛盾

9.捣乱的水手：如果这就是民主

13.纸牌高手——沙漠中的骆驼

【政治/道德】

24 特例：医生、良心和面纱

在有些国家，有些时代，男人和女人都被征召入军队，从而来为国家和国王（为独裁或为民主）效力，而在有些国家，有些年代，出于深植于心的信仰的原因，允许有例外情况。有道德心的反对者或许虔诚地认为，“凭良心说”，他们不能从事军事活动。

天主教医生、护士和外科医生——至少在英国是这样——获准可以拒绝直接参与流产过程。他们认为这种过程至少损害了潜在的人能够做人的权力，这是一种他们深植于心的信仰，所以，他们被允许可以拒绝女人们药物流产的需求。按照信仰天主教的领养机构的说法，他们只接受那种已婚的异性夫妇来作为孩子的养父母。天主教深植于心的信仰是同性关系无法提供一个合适的家庭。可是，这种机构没有碰到过同性夫妇申请作为养父母这种情况。这难道不是个令人困惑的矛盾吗？

锡克教徒，因为头戴穆斯林头巾，所以，可以不用戴安全帽。雇主

更改他们的着装规范，这样教徒就可以戴圆顶小帽，可以戴面纱，或者挂十字架。而国际绝地教的创始人不可以穿戴有头巾的头饰，尽管他们声称对新创造的宗教来说这是一种基本的要求。并且，在城市大会上，禁止男人穿着裙装，禁止女人穿着比基尼。注意，或许那还不至于太过令人费解：有人会质疑绝地教信仰的真实性，有人会质疑在公共场合工作，男人穿着裙装或者女人穿着比基尼是否是一个很重要的事情。

矛盾的是，为提高质量——在工作和生活方式方面，不平等的对待是必须的。通过在法律或者在实际中，一些免责条款或是豁免条款的设置常常可以迎合宗教信仰的需求。然而，是什么样的道德准则允许了豁免条款的存在，而没有允许其他情况？如果医生被允许可以不做帮助妇女流产的工作，为什么领养机构可以将拒绝同性夫妇领养孩子写入规定呢？如果穆斯林妇女应该随意穿着比基尼工作，难道具有讽刺性的无神论者不应该随意穿着T恤来表演穆罕默德卡通剧吗？

我们正在从法律要求及工作职责的角度来论证豁免的合理性，而在要求和职责中，正常情况下，我们应该打消对例外豁免情况的期望。

豁免条款何时是合理的？

有种基本的道德直觉，那就是只要是不引起对别人的伤害，人们就应该可以自由表达他们的思想。那种直觉意识展现出的是有关尊重的一种平等性，虽然它会引发直接的问题。比如，为什么有些酒吧不应该雇佣抽烟者来工作，而不受禁烟法律的约束，从而使得抽烟者和不抽烟者的生活方式都受到尊重？可是，我们将关注点放在因人们在坚定的价值观下对例外情况的寻求上。

一个人的认知意识可能会与宗教价值观和信仰紧紧相连。“让人们丢弃对上帝的信仰等同于让他们抹去他们皮肤的颜色。”那种嘲讽应该有所补充。无神论者不能将他们的无神论信仰进行分离，因为他们已经达成雇佣关系，而我们或许会赞同上面所提到的无神论者的T恤是一种失礼，甚至是具有煽动性的，但是，对无神论者是否缺乏信仰并无很大关系。

面纱，对很多人（甚至一些穆斯林）来说，是一种挑衅，也有碍于人们融入一个集体。当在一种世俗的社会团体中戴面纱时，或许，可以对比一下锡克教教徒的头巾或者基督教的十字架。但是，当雇主禁止戴面纱时，有些穆斯林教徒会说是受到了不公平的歧视（她们的宗教观念遭受到了不尊重），使得她们失去了其他人所享有的雇佣机会。为了确保这些机会，她们需要被雇佣时将面纱丢在门外，但是，面纱对她们的生活来说是必需的。我们应该如何摆正我们的立场呢？

根据研究古兰经的很多专家所说，伊斯兰教并不要求戴面纱，所以，我们或许叫板了有关戴面纱的宗教意义。那些穆斯林妇女坚持认为穿成这样会因此让她们丧失被社会雇佣的资格。有这样一种回答，那就是有些妇女之所以戴着面纱，是受家庭压力所迫，而非出于真正的信仰：如果不允许有免除情况，那么那些妇女将会全部受到限制，只能呆在家里。对此的讨论也因此转移到了现实的事情上，判断信仰以及女人总体信仰的真实性。

免除的情况至少要求有“深刻信仰”的真诚性。假如允许免除的情况，基于一时兴起，我们从着装规范到接种疫苗实践，会选择出数不尽的要求。在这样一个看重多样性的社会里，一致性在某些特定的领域仍有一席之地。很多城市办公室要求男士穿高领的衣服，打领带，而允许女士穿低胸衫；其他人坚持认为女性穿着上应该注重稳重。那些被社会所接受的东西渐渐地发生变化，但是，在主要方面，人们在大多数惯例下，会勉强接受，直到那种变化与深刻的信仰发生矛盾之时。

我们经常作的是这样一种假设，对于信仰的深度，虽然有时候需要挑战，但它所要求具备的是一种宗教基础。确实，宗教能提供一些可证明深度的证据，但是，重大的非宗教活动也能提供这种证明，有些时候是好的方面（或许是生态学运动），有些时候是不好的方面，因为带有某种特定的政治信条。

怀着根植于心的信仰，人们会由衷地说，如果从事某种特定的活动，他们无法仅凭他们自己过活。他们会呼吁良知，然而，有谁知道良知又能传达什么信息呢？假设良知或者信仰的深度足以证明免除的合理性，那么，种族主义者会将其付诸避免反种族主义的法律之中，厌恶女人的雇主会证明给女人的报酬要比给男人的少这种情况是合理的。我们还需要更多的一些东西。对于一个起点，根植于心的信仰以及良知上的协商，在道德上，一定是令人愉快的。尽管出错了，他们也还一定是能被人所理解的，对信徒来说，他们拥有的是种重要性。并且，有时候他们确实是这样。

甚至正义战争的最狂热崇拜者，也会尊重那些在道德上对战争进行评判的人。甚至妇女权利的最强大捍卫者也会认为流产会造成真正的道德困境。关于战争和流产的豁免理由，使得我们应该如何尊重其他人的生命这种呼吁被人所接受。在这种情况下，我们应该至少要善于接受豁免的可能性：这种深植于心的信仰为了保护他人,明显涉及到其他方面。当然，这无法遥控解决有关哪种豁免的困惑，或者是否涉及其他或是仅仅与某人的私人救助有关。

例如，状况或许会如此令人绝望（士兵太少，医生太少），以至于无法提供相关的豁免。可是，实际上的考虑有时候推进了给予渴望的豁免的进度。和平主义者不可能成为一个好士兵，但是他们会对战争伤员提供贴心的照料。无可避免，相互矛盾的实际的事实不得不凸显其地位。但是，事实上，实际中的劣势经常能导致“深刻的信仰”变得没那么深刻。人们妥协了，通过舒适感来欺骗原则性。

当考虑到有不同信仰的人们是怎么能够生活在一起这个问题时，一定有一些不明确的地方：人们和当局之间需要相互调整相互适应。让我们还是回到领养机构的问题上来。

天主教关心的是所涉及的其他方面：他们想要获得那些他们觉得对孩子们来说是最好的东西，但是同性夫妇或许看到的只是在天主教的立场中，对同性恋的憎恶。我们应该如何看待这个问题呢？假设有大量的长期性领养机构，同时，有这样一个社会，在那里，孩子们接受虔诚的教养，并被教育（非常具有争议）到某些性别上的问题是如何的不道德。这样，从一致性上考虑，天主教领养机构所要求的一些免除情况就应该被允许。

最后，免除的情况就需要进行考虑了，这种考虑既实际又使人含糊不清。这或许会让一些读者失望，但是认为一定有那么一种原则，它既是恰当的又能够决定在任何情况下应该做什么，这种想法是错误的。

一个战犯的辩护有时候是“我只是履行我的职责”。如果法律如此糟糕，免除职责就不再是个问题：在我们不得不公开表明支持某种事情，或者在核裁军时代，通过静坐来表示支持的时候，所想要的只是公民的反抗。我们不要忘了，仅仅因为它们有着神圣的荣誉，当我们应该站起来时，或者需要静坐时，古老的文献并不因此成为一种可靠的理由。

相关阅读：

14.教化：我的信仰错了吗?

22.青蛙和蝎子

5.“但这是艺术，亲爱的玛蒂尔达阿姨”

【知识/世界】

25 掉落的大头针

有时候是那么宁静，以至于你能听到针掉落的声音，但是，能听见那种声音，你需要的不仅仅是一根针，还有它的掉落，也还需要一个有意识的观察者来听。当森林里的树倒下时，如果没有人在那儿听，是否会有任何的声音？对于这个疑问，以上那种观点恰恰给出了答案。“没有观察者，也就没有声音”或许是一种原则。如果是这样，那么当缺少有意识的生物时，宇宙就是一个很美好很安静的地方。唱片设备，如果是在生物出现之前就神奇地存在，那么，它们仍旧可以记录下那些森林中所发出的震动声，比如断裂声音、爆裂声以及“砰”的声音，但是，当重放时，如果还是没有生物聆听，那么，也就没有什么声音可以重放出来。

没有什么充分的理由来解释声音的停止。如果没有人来参与，那么，盐也就失去了任何的味道，玫瑰也就失去了玫瑰的芳香，彩虹也失去了它的五颜六色，如果没有一个人来观察它的颜色，有些东西还能呈现颜色吗？这些思考引出了贝克莱主教，一个生活在18世纪早期的很有实力的推理家。他认为对于任何存在的东西，一定有观察者，有感知者。“存在即被感知”是主教的一个很好的信条，是他的信条的一部分。感知者也是有生命的，而对于那些不能被感知的，就不是可感知的主体，而是意识或者精神，所以，对信条更充分的理解应该是“存在即被感知或者去感知”。“感知”涵盖五种感觉：视觉、触觉、听觉、嗅觉以及味觉。

快速概括一下，物质的东西，它们本身没有精神，没有意识，如果是被理解成不可感知的东西，那么它们是不能存在的，主教这样辩论。对于物质的东西，我们的理解是，比如说桌子、椅子、肉馅饼以及山，它们只是特性、颜色、外形、重量、味道、柔软度或硬度的集合。

这些特性取决于感知者的感知。对于一个感知者，能感觉到浴缸里的水很热，对于另一个感知者，他感觉到的是微热。肉馅饼对一个人来说是咸的，但对另一个人来说，是甜的。从一个角度上来说，桌子是椭圆形的，但是从另一个角度上来说，是圆形的，如此等等。这些“物质的”东西不是问题所在，根据主教所说，它们独立于反感、矛盾这些意识之外，而是意识的集合，这是依靠意识而存在的认知。

可是，不需要担心当我们离开房间时，桌子和椅子会突然不存在了，房间也突然不存在了，而当我们再回到房间时，它们又突然存在了。对于看不到的肉体器官的存在，以及腿和胳膊的来回活动的不存在，我们不需要害怕这些，它们取决于是否在内部或是外部它们能被感知。不需要害怕，因为贝克莱主教引入了上帝这个最伟大的感知者，所有的东西就依赖于他。上帝能看到所有一切。因此出现了这么一首打油诗：

有个年轻人，他说：“上帝
一定发现了
我所看到的这棵树极其奇怪
当没人在这个院子周围的时候
也还是一样存在。”

一种很神圣的可让人放心的回答是：

阁下：

我一直在院子周围

那就是为什么那棵树

将继续存在

直到被忠实的上帝所观察到。

为解答贝克莱的疑惑，我们暂且不要依靠上帝的庇护吧。贝克莱主教的观点就是桌子和椅子、山和肉馅饼是依赖于意识的观念的集合。我们如何对贝克莱主教的那种观点进行反驳？

如果没有人在现场听，森林里会有声音吗？

为了批驳贝克莱主教的论点，我们应该区分开我们依靠意识而存在的想法以及造成我们那些想法的不依赖于意识而存在的东西。我们有时候因模棱两可的语言而将两者进行合并。当我们说到sounds(声音/听起来）时，我们是在说一种体会还是说空气中的振动？当我们说到那个馅饼热的时候，我们是在说热的感觉还是说造成那种感觉的馅饼的分子运动？经验是依赖意识而存在的，振动和分子运动则不是。

以上便是对贝克莱主教的一个回答，但是他也有回应。依其陈述，与我们的经验有着明显不同的振动或运动及其特性是什么呢？一个人感觉水是热的，另一个人觉得是温的。到底是哪种感觉？先戴着玫瑰色眼镜看一下天空，再摘下眼镜看一下天空：天空的颜色似乎发生了改变。水、天空、肉馅饼等等，它们真正所具有的特性是什么呢？除了我们的感觉如何受到影响以外，我们对于振动和分子运动又怎么认识呢？

一般观点认为，我们的经验源于物体和我们的感觉器官之间的相互影响。我们的感觉器官使得我们能意识到物体的“真实”存在。一只猫的“器官”使得它有不同的体会。一个火星人（假如这种生物存在的话）的感官也会带给它不同的体会。除了我们的体会以外，我们如何能尽可能地触碰到其他东西？

根据贝克莱主教所说，我们所能感知的仅仅是依赖于体会的观念，那种体会指的是意识。根据他人所说，在观念的面纱背后，存在着造成观念的一种物质的或是物理的东西。因为我们不可能如此轻松地就能揭开面纱，贝克莱主教的立场是这样，谈论这种在面纱背后的东西是无稽之谈。注意，正如所提到的，贝克莱主教确实以面纱背后的一些东西来结束他的论断，那就是上帝。虽然没有上帝，我们也还是继续存在。

以上论点能够达成一个根本的结论，因为我对其他人的感知仅仅是基于我个人的体会，所以，在相信其他人的存在上，除了依赖于我个人意识的观念，我的理由也是不恰当的。我的落脚点只能是，相信仅仅是我和我的观念存在，也就是“唯我论”。在此，让我们回到共识上来。共识常常能提供一些帮助。

贝克莱主教让我们视、触（听、嗅、味）一些观念。那立即将我们引到了错误的道路上。专门的感觉需要区别对待，但是，冒着抵抗一般理论的风险，我们常常因为共识的原因而接受去看，去触（听、嗅、味）那些物质的东西。我们看猫、闻猫、轻抚猫，甚至偶然踢到猫。当我们看到猫时，我们有视觉，但是我们看不到视觉。可以证明，当我们看猫的时候，我们有感觉及观念，虽然我们可能想要知道猫和我们那些感觉之间存在着怎样的联系。

如果猫是白色的，我们就有白的意识，这取决于采光情况。当然，当周围没人看到猫的时候，就会缺少这种视觉意识。那就意味着当猫没被看到时，它就缺少白的颜色吗？而这，取决于“白”的意思是什么。一个快速的解决办法是论证如果以下说法正确，那么一个物体就是白色的：换句话说，在一种约定的“正常”情况下，假如它被特殊的人类看见，或者是有识别力的专家看见，那么，感知者就会产生某种视觉意识，也就是所说的白色。那是猫身上的视觉意识吗？不是。猫是白色的吗？是。

抛开细节，寻求理解特性，比如说颜色和形状，味道和气味，其方法是意向的，也就是说，理解它们的时候是在如果怎样，会产生什么意识这种情况之下。当我们说盐是可溶解的时候，我们的意思不是立马让它溶解。我们的意思是如果把它放入水中，那么它将会被溶解。当我们说盐是白色的时候，我们不是指如果没有一个人看，立马会对白色有着一种体会，而是指，或者至少是暗示，如果在正常情况下看到盐，那么某种视觉意识就会出现。

我们再次回到没有知觉生命的森林上来。狂风怒吼着，树倒下了，一阵雷声之后，打起了闪电。假如当时有人在现场，他们会听到那些声音。所以，正如在人类存在之前就一定已经存在了海洋和山脉、形状和规格、密度和持续性一样，我们应该默许接受这样一种观点，那就是，沙漠是有色的，大海是咸的，以及森林里是充满着声音的。

而那听起来完全正确吗?

相关阅读：

30.哲学的谜团——从“我思故我在”到一点语法

17.一样的音乐，不一样的心情

11.一只生存在非连续时间里的山羊

29.全知的上帝究竟知道多少?

26
偏好：避免金钱流失

“你做的是什么味的？”露辛达看着自制的冰激凌，思考着，这样问道。

“巧克力、樱桃和咖啡。”侍者回答道。

露辛达沉思了一小会儿，确切地说，她对于选择性有点少不是很满意。“给我来咖啡味的吧。”她决定后这么说。

服务员给露辛达拿过来她点的冰激凌，但是当他转身走开的时候，他突然想到：呃，我们还有梅子、桃和百香果味的。

“太好了！”露辛达感叹道，“给我来杯樱桃味的吧。”

我们都有选择权，经常会有不同的选择权，而我们选择什么取决于当时的情景，取决于被提供的选择性。现在，露辛达的故事让我们很迷惑地笑了。梅子、桃和百香果的冰激凌选择，怎么能让她产生了从咖啡冰激凌到樱桃冰激凌的跳跃？那看起来很荒谬。

那确实看起来很荒谬，但是我们可以揭露内情从而消除这种荒谬。我们假设露辛达一开始不想要樱桃冰激凌，但是仅仅是因为那看起来是唯一的一种水果味的。或许冰激凌师缺乏用水果调味的技术，她思索着。当得知可以选择其他水果味的冰激凌时，露辛达开始相信冰激凌师制作水果味冰激凌的能力。带着这种信任，她可以选择她起初最想选的，也就是说，樱桃味的冰激凌。确实选择樱桃味的，但仅仅是在也可以选择其他水果味的时候才作出这样的选择。当仅有一种水果味的冰激凌可以选择时，咖啡味的反而成了她的第一选择。是语境影响了她在咖啡味和樱桃味的冰激凌之间进行选择。

带着上面所述的这种背景，我们来看一下，它是否对一些选择矛盾有帮助。首先，我向大家介绍的是“转移性”。

如果我的选择从苹果到香蕉，从香蕉到柑橘，那么，我一定应该是从苹果到柑橘这样来选择的。也就是说，选择关系是具有转移性的。很多关系都是具有转移性的。如果梅纳德比纳奥米高，纳奥米又比奥斯卡高，那么，梅纳德就比奥斯卡高。对比一下这种转移性关系，“吻”就不具有转移性。如果梅纳德吻了纳奥米，而纳奥米又吻了奥斯卡，我们不能就此得出梅纳德吻了奥斯卡这一结论，这远远不同。而虽然梅纳德喜欢吻纳奥米，纳奥米又喜欢吻奥斯卡，我们也不能就此得出梅纳德喜欢吻奥斯卡的结论。

如果你是一个理性的人，那么你的选择就应该有转移性，或者所以看起来有转移性。经典的选择矛盾向这个表象发起了挑战。假设以下情况：

我宁愿选择和露西一起去听歌剧也不独自去参加投资研讨会，而我宁愿选择独自去参加投资研讨会也不和希德一起去看足球比赛。这带给我的是特别好的感觉：在歌剧中，在有露西的陪伴中，我特别高兴。相比较而言，我不喜欢足球，并且跟希德在一起特别不自在。理性告诉我，很明显，我应该和露西一起去听歌剧而不是和希德一起去看足球比赛。但是是这样吗？因为我或许想选择和希德一起去看足球比赛而不和露西一起去听歌剧，而这应该是个理性的选择，而这样，矛盾就产生了。然而怎么这么说呢？让我们以一种简短的形式来陈述这个问题。

如果我宁愿选择和露西一起去听歌剧而不独自去参加投资研讨会，宁愿选择独自去参加研讨会而不和希德一起去看足球比赛，那么，我选择和希德一起去看足球比赛而不和露西一起去听歌剧，这有可能是理性的吗？

如果正确答案是“是的”，我们可以描述一下情境。这样，看起来，选择又不具有转移性。假设我极度需要克服希德的说法，说我有高人一等的优越感，并假设希德知道的选择是在和露西听歌剧以及和他一起看足球比赛这两者之间。如果我选择和露西在一起，我就会有失于希德对我的评论。这样的话，我选择和希德在一起，尽管我宁愿选择和露西一起听歌剧而不去参加研讨会，以及选择去参加研讨会而不和希德一起去看足球比赛。理性的选择，看起来，不需要进行转移。

或许这个矛盾一点也不算是矛盾。或许选择不比“喜欢”“爱”和“打”更具有可转移性。在这个结论中默许的问题是破产的危险。更确切地说，如果我们有可转移性的选择，那么理论上，钱也可以从我们这儿汲取——直到所有的钱都流走，而我们最终什么也不会获得。屈从于以上那种情况，并不算是理性的。这就是工作中的金钱流失。

概括来讲，我宁愿选择歌剧而不选择研讨会，宁愿选择研讨会而不选择足球比赛，然而，不相连的是，最终选择了足球而没有选择歌剧。听歌剧、参加研讨会以及看足球比赛都需要花钱，我们假设都花一样的钱。假设我有一张足球比赛的票，而你有研讨会和歌剧的票。因为我宁愿选择研讨会也不会选择足球比赛，我必然应该用我的足球比赛的票来和那你所持的研讨会的票做交易，并付给你一些钱，就比如说是10英镑吧。对我来说，参加研讨会比看足球比赛要有价值得多。交易完成了，你有了10英镑并且还获得了足球比赛的票，但是你还有张歌剧的票。现在我有了参加研讨会的票。然后开始进入下一阶段。

与研讨会相比，我更愿意去听歌剧，所以，我应该准备用研讨会的票来和你交易，再比如说，还是给你10英镑，这样，我就可以换取听歌剧的票。我这样做了。现在我手头上有了歌剧的票，但是我失去了20英镑的钱。现在，你有了足球赛的票和研讨会的票，并且还有了20英镑的钱。现在进入最后一个阶段。

因为我的选择发生了转换，而我选择去看足球比赛而不是去听歌剧，所以，我应该拿我听歌剧的票和10英镑的钱做交易，因为在第一步的时候，你的足球票是从我这儿得到的。这样结果是我拿着刚才的足球赛的票回到了广场的一角，但是，我这样就失去了30英镑了，这不好。你获得了研讨会的票和歌剧的票，同时还挣了30英镑，毫无疑问，这很划算。因为现在你有了我所选择的票，你我之间应该再进行一次全面的交易，这样我这儿就会流失更多的钱，要么直到我的钱全部花完的时候，要么直到我清醒过来，要么直到终止交易，再要么，直到我放弃转换我的选择。

金钱流失的例子证明，在操控转移性的选择时的一种不理智，除非作选择的人很享受那种金钱流失。当然，某个持有转移性选择的人，除了理性的和抵抗性的破产，应该拒绝进行交易。但是接着，因为选择有时也会提供一些好的交易理由，我们一定会问是什么使这种拒绝合理化呢。假设那种理性确实需要转移性或者传递性，这使我们又回到了选择的矛盾性上来了。

我们回想一下露辛达和她选择冰激凌的故事。露辛达从咖啡味的冰激凌跳到了樱桃味的冰激凌，我们认为她不理性，直到我们明白了关于水果味冰激凌的相关背景。在露西/希德的故事中，相关背景一旦穿插进选择之中，我或许就不会作转换，因此，也就不会有金钱流失的危险。一旦选择以更具体的信息讲清楚的话，可以证明，疑惑就会消失。以下有些选择：

第一：和露西一起去听歌剧，不在希德面前展现出优越感。

第二：独自去参加研讨会，不在希德面前展现出优越感。

但是如果以上两种都不可实现，我就会被迫选择：

第三：和希德一起去看足球比赛，不在希德面前展现出优越感。

糟糕点儿的选择会是：和露西一起去听歌剧，在希德面前展现出我高人一等的优越感；和希德一起去看足球比赛，而依旧在希德面前展现出我高人一等的优越感。我能否保证我的第一个选择取决于是否是在和希德一起看足球比赛以及和露西一起听歌剧这两者之间进行选择。如果是这样作选择，并且被希德知道了，那么我就会遗憾地选择第三个，但是，对我来说，那也比我谢绝希德，而和露西一起去听歌剧从而在希德面前展现出我高人一等的优越感要好。

在上文中，我们将理性的选择和转换性联系在一起。令我们困扰的是，当结合个体的理性选择时，甚至当转移具有个体性时，我们又碰到了一个新的疑惑。考虑一下有关于选举选择权的一个例子：

亚伯宁愿选择削减税收也不增加海外援助，宁愿选择增加海外援助也不增加艺术经费。

本宁愿选择增加海外援助也不增加艺术经费，宁愿选择增加艺术经费也不削减税收。

塞姆宁愿选择增加艺术经费也不削减税收，宁愿选择削减税收也不增加海外援助。

算一下我们以上三个选举人的选择，我们可以看出，削减税收击败海外援助：2∶1。增加海外援助击败增加艺术经费也是2∶1。所以，假设根据转换性的需求，削减税收应该一定会以2∶1的比率击败增加艺术经费。然而，这与增加艺术经费以2∶1的比率击败削减税收是相反的。

很矛盾的是，甚至当组成小组的成员之间，在他们的选择中也存在着个体上的一致性。没有什么公平的理性的方法来将选择联合起来，从而保证在小组的整体选择上引发不一致性。但是那应该很惊奇吗？毕竟，尽管单独的一个个体的选择组可能会一致，但是没有什么可以保证个体选择的总体一定也会是一致的。我们终究还是人类。

相关阅读：

27.小羚羊、树懒和鸡

4.减肥与奶油面包的诱惑

9.捣乱的水手：如果这就是民主

【逻辑/推理】

27
小羚羊、树懒和鸡

在这儿我们有一些混乱的逻辑——至少是一些源于逻辑的混乱思维，但是，我们通过将混乱的生物哄骗到一个比赛中，从而处理那混乱的思维。对此，有很充分的理由。我们的生物是小羚羊、树懒和小鸡。这样，我们就有两只动物和一只鸟类。确实，这是个不大可能的结合。注意，这将是个无懈可击的逻辑。

比赛是公平的，那些生物肯定很受激励，但是不会出现服用药物的现象。现在，我们认为小羚羊会赢得比赛，这有着很充分的理由。我们认为树懒（它恰如其名）会最后到达终点，并且小鸡会处于中间位置，第二个到达终点，这也有着很充分的理由。让我们更坚决地陈述一下我们所认为的。

我们坚信小羚羊会赢。我们知道小羚羊是一种哺乳动物，所以，一点小小的推理使得我们相信一种哺乳动物会赢。如果我们愿意打赌小羚羊会赢，那么，假如博彩公司仅仅以哺乳动物是否会赢来下赌注，我们应该打赌哺乳动物会赢。如果我们确定小羚羊会赢，我们一定也确定哺乳动物会赢。

鸡是一种鸟类而不是哺乳动物，所以，在我们相信哺乳动物会赢这个观点中，我们不相信鸡会赢。现在，考虑一下：

前提1：如果哺乳动物赢了，而如果赢的不是小羚羊，那么赢家就会是树懒。

我们一定会证明那个断言。如果哺乳动物赢得了我们那个小小的比赛，并且如果赢家不是小羚羊，那么，赢家就一定是树懒。毕竟，鸡不是哺乳动物。更进一步，我们坚信：

前提2：哺乳动物会赢。

所以，我们应该相信：

结论：所以，如果小羚羊没有赢，那一定是树懒赢了。

然而，那个有关赢的结论恰恰是我们所不会相信的。我们相信，如果出于某些原因，小羚羊没有赢，那么，赢家应该会是鸡。它会落下树懒很远的一段路，而树懒只能懒懒地挪动。

在这个简单的争论中是哪方面出了错?

我们以上的推理中使用了演绎推理的方法。这种方法通过肯定第一个前提中的“如果”部分，从而来肯定结论。演绎推理有时候起不到作用，如果我们被强制接受这样一种观点，那将会是很悲惨的。那是我们推理的基本原理。以下是工作中碰到的一个演绎推理方式：

前提：如果打闪，就会有雷声。

前提：打闪。

结论：所以，会有雷声。

从以上前提中得出的结论：如果前提都是正确的，那么结论也会是正确的。以下是一个更为无懈可击的推理。

前提：如果手头上没有雨伞，那么，如果下雨，客人们就会被淋湿。

前提：手头上没有雨伞。

结论：所以，如果下雨，客人们就会被淋湿。

然而，使用相同的、看似无懈可击的有关生物比赛的推理，我们得出这样一个矛盾的结论，那就是，如果赢家不是小羚羊，那么就会是树懒。这是多么的奇怪！

导致出现我们这个矛盾的一个原因是，在前提1和前提2中，使用了模糊的术语“哺乳动物”。这个措辞的含义可以这样理解：一些哺乳动物或其他。通俗地讲，我们会说：任何哺乳动物。可是，这种表达或许会意指：一种特别的哺乳动物或者哺乳动物的一类。在这个实例中，就是一只小羚羊。我们认为前提2可以被理解为“一种特别的哺乳动物，一只小羚羊，而不是任何其他的哺乳动物，也不是其他生物，会赢得比赛”。但是如果前提1被解读成“如果一只特别的哺乳动物，一只小羚羊

（不是其他哺乳动物，也不是其他生物）会赢得比赛，而如果赢家不是小羚羊，那么赢家就应该是树懒”。这样的话，前提1就使人感觉困惑了。因为前提1还困惑着我们，我们也就没有充分的理由接受论证的结论。

可以证明的是，以上方法无法解决我们的困惑。我们认为的小羚羊会赢这个观点必然可以支持哺乳动物（某些哺乳动物或者其他生物）会赢这个普遍观点。如果我认为埃德加吻了伊莱恩，并且我知道伊莱恩是个烫发的女人，那么我应该一定认为埃德加吻了某个烫发的女人或者其他人。之后的那个观点或许更可能是真的，尽管我所依据的原因很讨厌，因为我分不清伊莱恩和塞尔达。塞尔达也是一个烫发的女人，并且塞尔达被人吻了。

解决这个矛盾，或许我们需要分清论证的前提和我们对那些前提的接受及信任程度。是的，如果前提1和前提2都是正确的（如果那两个命题是正确的），那么，关于赢的结论就是正确的。那确实是直截了当的演绎推理方式，但是我们对前提1的接受也是直截了当的吗？

前提1：如果哺乳动物会赢，而赢家不是小羚羊，那么，赢家就会是树懒。

哺乳动物会赢，我们相信也接受这种观点，仅仅是因为我们相信小羚羊会赢。所以，在假定哺乳动物会赢这个观点上，如果我们接着假设赢家不是小羚羊，我们就是假定“假使我们没有哺乳动物会赢这个信念将会怎么样”。如果那个假设可以适用于论证的前提之中，那么，我们也就没有充分的理由相信前提2中“哺乳动物会赢”这个观点。这样的话，虽然关于赢的结论是从两个前提（论证是有效的）中得来的，并不能证明我们就该接受那个论证的结果。

这儿有个极端的例子，是关于什么出了差错的。我们认为小羚羊会赢，如果小羚羊没有赢，会发生什么呢？我们不知道是什么引起了那个疑问。那就像是在问小羚羊该赢而没有赢后会发生什么。

这个矛盾的寓意并不是演绎推理这种有条理的逻辑方法导致的，而是逻辑家所设定的前提、结论以及它们之间的关系不同于原因、信念以及它们之间的关系。逻辑的条理化有时并不是逻辑发生分裂而成的。

假设我们创造一种新的分类，就比如说是“鸡羚羊”，它只适用于指鸡或者小羚羊。我们相信小羚羊会赢，所以，我们应该也相信鸡羚羊会赢。现在，考虑一下以下这个与我们刚才说的哺乳类例子结构上相似的论证。

前提1：如果鸡羚羊赢了，而如果赢家不是小羚羊，那么，赢家应该就是鸡。

前提2：鸡羚羊会赢。

结论：所以，如果赢家不是小羚羊，那么赢家应该是鸡。

在这个例子中，我们确实相信这个结论，但是这不应该仅仅是因为我们有演绎推理论证。这个论证所具有的两个前提，我们都认为是正确的。毕竟，哺乳类论证拥有这种特征，但是，这很难说服我们相信结论也是正确的。

鸡羚羊的论证之所以会奏效是因为，如果我们假设赢家不是小羚羊，我们就不会破坏我们认为鸡羚羊会赢的观点。相比较而言，在哺乳类论证中，赢家不是小羚羊的假设确实破坏了我们所认为的哺乳动物会赢的观点。哺乳动物的划分是一个转移注意力的话题，可以说成是有关于论证和对比赛选手的相关看法的。

当前提都正确并且得出结论时，整个论证十分合理，但是，这种结论是否应该被相信取决于前提合在一起是否令人信服。玩笑会以你讲述的方式进行下去，你所讲述的以你的方式进行，而对结论的信服也会以你对前提的信服方式进行下去。

相关阅读：

18.如何证明“所有的青蛙都是绿色的”？

2.伊莎贝拉的困惑

11.一只生存在非连续时间里的山羊

14.教化：我的信仰错了吗?

【法律/道德】

28

好的惩罚如何成为糟糕的惩罚，非常糟糕的惩罚

很远很远的地方，有一片陆地。在哪儿，从来没有发生过违法的事情。不，这不是因为这片陆地上没有法律。这不是对这片陆地的错误描述。在这儿，法律遭到破坏，但是还没有被发现。这片陆地很远很远，生活在这片陆地上的人都是遵纪守法的。人们从来不会故意违章停车，逃税现象也没有听说过。没人会偷盗，也不存在谋杀行为。离开家时可以不上锁，但这也没有什么危险。人们可以在漆黑的小巷里穿梭而不会担心遭抢。这是一片理想中完美的陆地，这片陆地，很远，很远。

这是一片理想中完美的陆地，这片陆地，很远，很远。但是，没有犯罪现象既不是因为这儿的居民天生就是遵纪守法的，也不是因为他们生活过得特别好而没人想获取更多其他的东西。有那么几个会适当地逃税、超速或者造假。毫无疑问，极少数目的人会因为单纯的娱乐而从抢劫一些无辜的行人中获取快乐。有那么几个会因为嫉妒幸运的富人而从

事盗窃活动。有些人甚至在外出宴会上抽烟以获得乐趣。

是的，除了那些有犯罪倾向的人避免冒被怀疑的危险，也还是会发生犯罪现象的。这不是因为当局百分之百会抓到罪犯。在评估是否值得犯法的时候，被抓到的可能性确实是一个很重要的考虑因素。其他很重要的考虑因素是，抓到以后受罚的轻重与抓不到的情况下所获得的收益之间的对比。

在这片很远很远的陆地上，惩罚是很严重，甚至对大多数犯罪的未成年人，其惩罚也是相当的严重。假如人们故意违章停车，他们的车就会立马没收充公。假如人们有意超速，他们最终会被绑在架子上待几个星期。小偷会被折磨好几个月，从而失去四肢。谋杀者会遭受一生的折磨，就像是他们所爱的人遭受折磨一样。对于在公共场所吸烟的人来说，他们会被烧死，就像是几个世纪之前烧死女巫一样。

这些惩罚或许会因太过严厉而使人震惊，但是，他们真的记住他们所给予的利益吗？利益就在于没有任何犯罪现象。进而，也就不再需要进行惩罚。惩罚的严酷性保证了之后的不再实行。

这片很远很远的陆地是怎么了，为什么在这儿没有犯罪现象？

为什么我们没有那种法律和惩罚，就像是很远很远的那片陆地上的一样？

答案或许看起来很明显。惊人的惩罚：我们如何折磨他们？想象一下法律监管人会是多么的严酷，使人受折磨，砍断人的四肢，等等。可是，这个答案或许本身很容易回答。如此严酷的处罚使得每个人都只能遵纪守法。这样，也就不会出现惩罚现象了。我们在此假设完全只是一个恐吓理论。然而即便是假设，人们或许仍会反对这个陆地上的刑事制度。

杰米里·边沁说，惩罚就是一种恶作剧。它涉及到对罪犯的折磨，否则就不叫惩罚了。可是，如果造成不必要的遭受就肯定是不对的了。所以，最好的惩罚是，带来的遭受程度最小，而其对犯罪现象的阻止方面最具影响力。我们那片很远很远陆地上的当局很清楚地意识到这个问题，所以，制定严酷的惩罚措施从而保证百分之百的恐吓阻止理论。没人经受得住那么惊人的惩罚。对于那，又有什么不好的呢？

有人或许会回应说，对这种粗暴的惩罚的最恰当思考就是它本身在道德上是令人厌恶的。尽管有人持这种观点，但为了在这片陆地上过着没有犯罪没有惩罚的生活，对于道德上令人厌恶这方面的沉思只是个很小的代价。或许，新的回应又会产生，进行这种惩罚的方式是如此邪恶以至于没人想或者没人该这么做。回答还是，这种邪恶与它所带来的效果相比，是多么的渺小。的确，我们会质疑，在现实生活中，考虑到刑事威胁的有效性，是否有必要进行准备。

在这样一片有着如此“完美的”惩罚措施，就没有一种均衡的极具异议的特征？那些超速的人们必然不该遭受故意砍断四肢作为惩罚。生活在遥远陆地上的那些人会给出什么样的答案呢?

我们能掌握住均衡吗?均衡常常与“以眼还眼”联系在一起，但是很少有人照字面意思来理解它。而且，我们没有必要担心均衡性，因为惩罚（我们假设）并不会实行。

我们之前假设过百分之百的恐吓阻止理论。这是否能够实现，对那片很远很远的陆地来说，是一个具有经验性的实际目标。我们再稍微进一步考虑一下。

当人们处于感情用事或不理智状态下，有些犯罪现象就会发生。所以，即便所有的公民都知道有法律和惩罚，有时候人们会因激情、折磨或是精神混乱而犯法，从而滑向深渊。有个例子是，人们在街上，遭受着饥饿，他们需要吃的东西，远远超过了他们自己的能力所得，所以他们去偷。那片遥远的陆地上，当局通过保证足够的基本福利供应从而解决了潜在的问题。

可是，福利供应品无法解决因嫉妒而谋杀他们合伙人的那些人的问题。它也无法防止有某种精神问题的个体虐待儿童。可是，这些情况所需要的不是制定出惩罚措施。为什么?只需要把他们送到比较安静的环境中去。精神上有病会是这样一种情况，确实会造成无知，失去记忆力。

我们以上的推理认为，如果人们确实是触犯了法律，那么就一定会有缓和的情况，所以，残酷的惩罚（任何的惩罚）都可排除。这种推理和约瑟夫·海勒的书中介绍的著名的第22条军规是相似的。在精神错乱显示神智健全的情况基础之上，凭借它的应用来避免了危险的飞行任务。所以，这种应用不可避免地会失败。成功的惩罚应用（犯罪），需要经过深思熟虑并且是在神志清楚的时候制定出来，但是在应用过程中，应用者缺乏正确的思考和清醒的头脑，所以，应用会失败。

我们应该做的不是就此得出结论，生活在遥远陆地上的人们之所以会违法是基于“神智不清楚”这种辩解或是其他类似原因。作为开端，这片陆地能保证的是他的公民可以不用管当局的假设，或者至少不确定是否违法对已经造成的惩罚产生有效阻止。而且，都知道的是，那些因神志不清而免受惩罚的人会发现最终他们自己会被送入精神病院，这样的结果也仍旧是让人十分厌恶的。

当然，公民会感到没有安全感，害怕一不小心触犯法律，并可能会害怕严酷的惩罚或是精神病院，但是，尽管如此，与惩罚所带来的利益相比，这不是一个很小的方面吗？想象一下在一个犯罪（抢劫、偷盗、持枪犯罪）横行的社会中，依其陈述，那些遵纪守法的人所遭受的不安全感的情况吧。

对于发生在遥远陆地的完美惩罚方式或许看起来很荒谬，而奇怪的是，有些人可以接受，换句话说，那些人坚持认为如果我们不能在地球上履行上帝所命令的事情，我们会面临永久的折磨。现在，如果任何一种惩罚在必然存在的比例中失衡，如果遥远陆地上的严酷惩罚破坏了人们的生活，那么他们会在恐惧永久折磨的煎熬中遭受多少更严重的破坏呢？

当然，甚至在接受时刻存在的危险（神圣的达摩克里斯之剑）的情况下，大多数宗教信徒也生活得非常好，而没有遭受到破坏。而一些信徒确实偷盗并且进行诈骗、危害他人并进行谋杀，就像那些无宗教信仰的人一样。或许这折射出没有犯罪现象的遥远陆地，不管它的惩罚措施是多么的严酷，这个陆地都是一个神秘的地方，但一定存在这样一个地方吗？

相关阅读：

9.捣乱的水手：如果这就是民主

20.仁慈与法律制裁

7.瓶中的怪兽——待售

【宗教信仰/形而上学】

29

全知的上帝究竟知道多少?

“你知道（作为上帝，无所不知的上帝，我当然知道），你仅仅是给了我这个哲学平台，就像是被似是而非的事情和神秘的事情所围绕着一样，从而使得我能展现我自己。”

“是的，我对人类所理解的范围之外的各种各样的东西都觉得特别不解，所以，对于你们人类所判定的那些我所能掌控的矛盾，以及你们那么多的痛苦和危难，我感觉有一点小小的疑惑。但是我能预示的是，我们不会为那种矛盾所困。”

“对于你们并没有将关注点放在不可移动的石头上，我很高兴，特别高兴。很矛盾的是，你们中的有些人坚持认为如果我能创造一块不可移动的石头，那么我自己也无法移动它。如果我能移动它，那么我就不能创造出这么一块石头。可以证明的是，不论以哪种方式，我都不是能力无穷的，但是截至目前，你们人类知道没有能力上的约束无法实践逻

辑上的不可能，那是因为逻辑上的不可能就等同于无稽之谈。抱怨我不具备移动那块石头的人应该也抱怨我不能这样，不能那样。不管这样那样的是什么，仅仅是通过讨论就能得出结论吗？移动那些无法移动的东西，又是为了证明什么呢？”

“我非常清楚，对于我无所不知这个事实，你们希望给我制造些麻烦。好吧，继续，想一下什么样的混乱你能应付。当然，我已经知道你能做到什么地步，因为我真的是无所不知。”

上帝能知道什么？

以其所述，上帝是无所不知的：他知道一切事情。那立即要求进行警告，说明他知道的一切事情，对这样一个神来说，有着逻辑上的可能性的。

上帝常常被视作是无形的并且没有任何缺点，而奇怪的是，一些信徒说他经历过也知道嫉妒和痛苦，那些贯穿人类的不道德之中的痛苦。很难掌握上帝，作为一个完美的生命，是如何能以那种方式来承受并拥有这种“人”的信息。推测起来，至少，上帝是不会害怕、颤动或者体会幸灾乐祸的。或许上帝对情感和感觉的了解是通过一种智力上的方式、一种分离的方式——或许他能想象那些东西，或许他知道那些东西是如何影响人类的行为。然而，那些信息难以通过人类直接的体会方式来被认知。

很多人以上帝拥有全知能力来看待困惑。有些时候，人们错误地认为，如果上帝指导你将要做某些事情，那么你将不会自由地去做。现在，如果上帝知道你将要走访耶路撒冷——并且他知道是他决定了你这么做，那么，那就很好地显示出你不会自由地走访。可是，如果上帝仅仅是知道你要走访耶路撒冷——如果他可以，这样说，很容易能看到你的未来，那么，那展现不出任何有关你自由的东西。

认为上帝的全知能力一定会损害人类的自由，其错误或许来自以下方面。

考虑一下类似的错误。如果你在思考，那么，必然地得出——也必须得出你是存在的结论，那是正确的。可是，那并不意味着如果你在思考，那么你就必然地存在：那不是指你必定已经存在，你或许还没有存在——你的父母或许从没有过性生活。那么，当然，你就没有保持思考状态。我们需要区分两个方面，一方面，是在思考和存在这两个事物之间关系上的必然性，另一方面，你的存在这件事情的必然性。现在让我们用这个区分应用到上帝的全知上来。

如果上帝知道你要走访耶路撒冷，必然得出你将进行相应的走访的结论，那是正确的。那不是指你将必然走访耶路撒冷，而不会做其他的事情。如果是如此这般，必然会导致这般那般，那么它不是指这般那般是一种必然。如果水结冰了，必然可以得出它没有沸腾；但是不可得出水不得不结冰以及不能保持沸腾。所以，上帝对行动的全知并不指这些行动必然会发生。你仍然可以选择你想要做的。只不过是上帝知道你的选择所带来的最终后果。

对于上帝的全知人就有困惑，仅仅是因为如果把上帝看作是永恒的，不受时空的约束，在上帝拥有任何有关时间上的全知这个问题上还没搞明白。上帝常被这样来看待，因为是假设他在时空的范围内，很难理解他是怎么样创造了时空，这可是相当难的一种创造。

当我们知道今天的早饭已过去，我们现在正在看书，以及我们在将来会去大马士革观光，在时间之外，看起来上帝无法掌握我们所掌握（或者，至少是看起来掌握了）的知识类型。或许会有这样的回答，那就是上帝能有永恒的这种序列的认识，对早饭怎么会出现在看书之前，看书怎么会出现在大马士革之行之前的这些认识。正如我们可能知道的，上帝可能不知道大马士革之行是发生在将来，他永远都能知道的是那场远行会发生在2020年。他永远都能知道斯宾诺莎于1656年被永久地驱逐出了教会并于1677年去世。那就是说，他能有可具体到日期的永恒认识。那些日期是建立在所知道的事实之上的。

尽管上帝对具体日期的事件有着永恒的序列认识，我们或许会质疑上帝对“之前”和“之后”的掌握，但他依然缺少我们所拥有的那种认识类型。我们的认识是今天的早饭已经留在了我们的记忆里，看书是发生在刚才。你当然需要及时掌握现在的构成而不是那时的构成。也就是说，你当然需要及时掌握当时的认识，这种认识是从一种特定的时空中获取的。

正如我们都缺少有关时间的认识一样，如果上帝是居于太空之外，那么他就会缺乏这儿和那儿之间的这种认识。如果在太空以外，看起来上帝不会知道，从某个特定的角度看待事情的话，事情会是怎样。当靠近灯光来体验这本书的时候，他无法具备你所拥有的认识。因为空洞无实质，他也缺乏你所具备的移动胳膊的认识，或者不在自己的床上睡不着觉的认识。

处于时空之外的永恒的上帝，在掌握人类的知识的时候会碰到困难。当然，我们人类在掌握上帝的性质的时候也会碰到困难。对于上帝可能会想象得出有限时空的生活情况会怎样，或者，甚至可能能够通过真的变成人类从而来做些什么，关于这，如果我们真要是有什么权柄的话，那也是不固定的。然而上帝不能变成你，他没有你的经历，或许他能够通过某些方式来想象你的经历是怎样的。

有关上帝的认识，很难达成一个固定的结论，因为关于永恒、无形、全知、全能的概念，每一个都是令人困惑的。这种存在不会经常碰到，不会被我们中的很多人碰到。可是，假设在全知的存在里有种意识，可以知晓所有的真理。如果仅仅因为自然数字（1、2、3等）是无限的，那么，所有的真理在数字上必然是无限的。最终结果是上帝的知识肯定是没有尽头的。无限比自然数字的数目要大，虽然可被描述（见第31章）。而确实，可以证明上帝的知识一定是扩展到了越来越大的被人所理解的真理的无限性上了。

我们退回到上帝上来。

“假如仅仅是你问，我将会直接告诉你，你永远不会掌握到我这个秘密的无限深度。”上帝如是说。

相关阅读：

30.哲学的谜团——从“我思故我在”到一点语法

31.无穷、无穷数和希尔伯特酒店

28.好的惩罚如何成为糟糕的惩罚，非常糟糕的惩罚

20.仁慈与法律制裁

【知识/理智】

30

哲学的谜团

——从“我思故我在”到一点语法

一向认为从哲学家口中总会说出些疯狂的事情，以下言辞，至少是有一部分言辞，以其疯狂惊住了很多人——这些人有的是哲学家有的不是。

> 我能知道其他人正在想什么，而不是我正在想什么。“我知道你正在想什么”这样说是正确的，而“我知道我现在想什么”这样说就是错误的。

本书的序言中提供对评论中提到的哲学天才的一点背景介绍，这个天才就是路德维希·维特根斯坦。为什么他会说一些看起来明显错误的话呢？无疑，我所知道的一个事情是我正在想的东西，以及我正在想这个状态。而当我们常常采取行动时，就好像我们知道其他人正在想的事情，可是，我们能真实地知道吗？我们还能知道其他人正在想吗？在此我们说到“想”，以引导我们进行意识体验：感觉、希望和害怕，以及思想。毕竟，我们不能步入另一个人的精神中。就我所知，“其他思想”只要带有确定性，就会继续存在。

生活在17世纪早期的“现代哲学之父”勒内·笛卡尔，发出了怀疑论的声音，表达了对是否他知道更多有关于他自己存在和经历的事情的怀疑，直到他证明了上帝的存在。在此基础上，他论证了永恒世界和其他人确实存在：如果没有更正的可能性，上帝不会哄骗他来想这些。直到他对上帝存在的理解已经很令他满意，他是个“唯我论者”，认为只有他和他的经验存在。

即便是在怀有常识性的语境的今天，如果我们确定物理性的物体，比如，黄油和大脑，山脉和季风，而我们仍然会怀疑会有其他的有意识的生命存在。我们仅仅是见证过其他人的行为，但绝没有见证过其他人的经验。当然，在这样写的时候，我假设是在向其他有意识的生命体进行致辞：或许——仅仅是可能，有那么几个人正在阅读这些文字。

伯特兰·罗素的作品中曾经表明他信奉唯我论是正确的。一位美国女士写信给他，说她得知他也是个唯我论者是多么的高兴，她自己也是唯我论者中的其中一员。如果那带来些许微笑，那么我们就明白了什么是唯我论者。当然，那个美国女士是否比较愚蠢或者是故意讽刺，这我们就不得而知了。

在笛卡尔的有启迪性的立场和维特根斯坦的立场之间，我们所面对的是让我们困惑的冲突。

我能知道我正在想什么吗？
我能知道他人正在想什么吗？

让我们来处理第一个问题，考虑一下有意识的经验的形成过程。笛卡尔的观点是这样的：我的腿是否受伤了，无花果、农场和鱼——这些可能是我想象中的虚构的东西——是否存在，在这些问题上，我可能会犯错，但是，尽管如此，我知道至少对我来说，看起来似乎我的腿受伤了，似乎有无花果、农场和鱼的存在。在那之外，我不可能犯错。

维特根斯坦的回答是这样，我们仅仅在存在怀疑的时候，才会获得认识。当我处在痛苦之中时，我无法开始怀疑我是否是在犯错。所以，说服维特根斯坦，我无法得知我处于痛苦之中，虽然我可能会把那些话当笑话（和哲学家的幽默有关）似的说出来，或者说的话强调当其他人怀疑我时，我会处于痛苦之中。当在“我处于痛苦之中”前面加上“我知道”时，没有什么可以用来表明我与痛苦的关系。我知道我处于痛苦之中和我不知道我处于痛苦之中——如果“我知道”在这儿是以正常含义出现的时候，这两种说法都是废话。与此类似，美德是黄色的这种说法是废话；美德不是黄色的，这种说法也是废话，除非后一句话是想要表明美德不是一种可以被着色的实体。

当我们以“知道”的正常含义来谈论人们知道或不知道一些事情时，谈论他们的证据，谈论他们所看到的或是所听到的以及他们是否确定，是否是在猜想，或者是否是在假装，谈论这些是有意义的。但是我没有证据表明我自己处于痛苦之中，或者表明我正在思考天气。我会很好地猜想天气，而不是思考我所正在想的。我或许会怀疑我的腿是否断了，但是不会怀疑它是否很疼。

当然，“知道”也可以用在其他意义上，但是之后我们需要理清这些意义。当人们叹着气说“战争就是战争”，他们不是在进行逻辑说明，说明战争和战争是完全相同的。他们是在表达某种特定的情感，战争的发生所带来的不可避免的或是令人绝望的情感。

或许在表达诸如“我知道我正在想什么”或者“我知道那很疼”这些话时，“我知道”的使用，强调的是有关于我的特定心理状态的专门描述。我们将其称作“特许”使用吧，这与正常或是“基于证据的”使用形成了对比。维特根斯坦和笛卡尔现在能够赞成这种观点，那就是，在特许使用的意义上，我们知道我们正在想什么，知道我们正处于痛苦之中，如此等等。在这个问题上的冲突消失了，可是笛卡尔错误地认为，在基于证据性的使用意义上，他知道他目前的痛苦。

可是，其他的问题是什么呢？我能知道其他人正在想什么吗？有种持怀疑态度的观点是，我不能，但是再一次，我们需要明确“知道”的用法。“知道”的基于证据的用法要求对可能性进行怀疑，所以，我对他人想法及他们在想什么的认识至少是可能的。矛盾的是，这如此简单以致我们可能会在这种事情上弄错。当然，这不等于说，我们基于证据，我们确实知道他人正在想什么，正在想象什么以及他们是否处于痛苦之中。

确实，在特许意义上来讲，我们无法知道他人在想什么，因为这是逻辑问题。事实上，当然，我处于痛苦之中并不是因为你也在遭受痛苦。你正在思考维特根斯坦的观点不能因此就代表我也一样地在思考他的观点。但是，这不应该使我们得出这样的结论：基于证据，我无法知道你在想什么，或者基于证据，我无法知道你是否处于痛苦之中。一个人会对你敞开心扉（可以这样说），并且你也知道她在想什么，她在承受什么悲痛，以及她为什么高兴。很明显，照字面上的意思，她的想法并不是你的想法，她的悲痛也不是你的悲痛，她的高兴也不是你的高兴，可是，你会产生相同的思绪。在某种意义上来说，能感受她的悲痛和高兴的心情。

“而我对她的想法和情感的认识是间接的”，或许你会得出这个答案。但是什么可以“直接”获得对她的想法和情感的认识呢？在“知道”的基于证据的意义层面上，我甚至对我自己的想法和情感有着直接的认识，这种说法也是废话。在“知道”的特许意义层面上，让我成为她，表达她的想法和情感，这是完全不可能的。

维特根斯坦的观点是由他自己总结出来的，确实是经过浓缩的，就像是“一团氤氲的哲学浓缩成一丁点语法”，这儿的“语法”指的是

“逻辑”。而这或许会造成我们的不满。尽管对我来说，逻辑上不可能体会你的想法和情感——一个与你完全相同的想法和情感，因为总会缺少某些东西，我会遭受各种的不可能——要是我能进入你的心灵之中多好啊!

我感到悲痛（有种失败感），因为我无法站在特许的立场上来体会你的想法和情感。我越过自己的想法和情感，而去获取一些荒谬的东西，比如，想得到一个有四个边的三角形，或者我曾体会到一阵喜悦，而不确定喜悦的是不是我本人。

相关阅读：

19.羊驼会坠入爱河吗?

6.谦虚和羞愧：猫和老鼠的故事

11.一只生存在非连续时间里的山羊

【逻辑】

31

无穷、无穷数和希尔伯特酒店

在一个季节性节日时去旅行，我偶然碰见了一些不可思议的挤牛奶的女仆，一些很可爱的欢呼雀跃的勋爵。“我敢打赌女仆的人数和勋爵的人数是一样多的。”我这样说，而忽视了在这种节日上的传统人数。“我敢打赌不会一样。”我的同伴说道。

打了赌，我们可以数一下女仆和勋爵的数量，但是我的同伴指出，我们可以把女仆和勋爵分成一对一对的。如果一个女仆或者一个勋爵或者更多剩出来，没有配成对，那我们就可以知道女仆的数量和勋爵的数量不对等。

这个任务，在理论上很容易完成，但是在实际操作过程中，并没有那么容易，因为他们在欢呼雀跃中，在给牛挤着奶，但是，最终我们完成了，非常确定，我输了。我们发现有些欢呼雀跃的勋爵没有和挤牛奶的女仆配成对。很明显，勋爵的人数比女仆要多。那应该就已经是故事的结尾了，但我的同伴，这个数理逻辑学家，脸上露出愉快的微笑，她发现了我在数学能力技能方面的匮乏。

“当然，”她笑道，“如果你有一组东西，接着拿出来一部分，那么剩下的数目肯定比你原来的数目要少。”

我很乐于接受她的说法，尽管我早就知道。

现在，她写给我一组数（1,2,3,4,5……），接着开始把奇数给去掉了。我打眼一看就知道剩下的偶数2,4,6,8……在数量比原来的一组1,2,3,4,5……要少得多。这儿的“……”意思是“等等等等，依次往下，以至无穷”。

“注意！”她的笑声特别夸张。“看，”她说，“你可以把起初的所有的奇数和偶数与刚才的这组偶数成对分配，你会发现，这样分下去，会没有尽头。”

自然数	偶数
1	2
2	4
3	6
4	8
……	……

“矛盾的是，你会发现偶数的数量与奇数和偶数一起的数量一样

多。如果两个集，女仆和勋爵，在人数上是无限的，那么，女仆的数量和勋爵的数量就会是一样的。

我明白了这一点。虽然偶数集蕴含在由奇数和偶数组成的集合里，但偶数集中的数字与奇数和偶数相结合的集中的数字是一样多的。我的同伴用“配对”“匹配”和“一致”的方式来体现这一点。她告诉我，如果至少有这种规则，也就是两个集可以彼此成对匹配，而没有剩余，那么，这两个无限集在数量上就是相等的。

基于这种理解，自然数的平方，即1,4,9,16……，自然数的立方，即1,8,27,64……，这两者在数量上和自然数的数目1,2,3,4……它们组成的集里的数字是一样多的。

“这么有趣啊！”我打着哈欠说，“那么无限大是没有尽头的，所以这些集一定可以匹配上。没有什么比无限大更大了。”

我的同伴脸上的假笑表明，我说错了，我确实又犯了个错。

“有些无限大比其他都要大。”她回答道。而她的话留给我的是一个更大的疑惑：

有什么比无限大更大吗？

这个问题是说是否有一些物体的数量超过无限大的数目。很直接的答案是“是的”。这是经伟大的数学家乔治·康托尔论证的，他提出并形成了“超限”数学的概念，主要是处理各种不同大小的无限大。

将特定集及序列里的数字用无限大的序列数字1,2,3,4,5……来进行成对分配，就会造成有些数字不成对。例如，我们把关注点放在从0到1之间的小数（实数）上。在数量上，它们是无限大的。

当然，有些小数是从分数中得来的，比如1/2，1/4,1/8……用小数表示出来就是0.5,0.25,0.125……在它们中间，有个无限多的数。也有一些分数，比如1/3和1/6,用小数表示就是0.333……和0.16666……这后面的两个例子明显含有无限小数。还有一个其他的小数，比如按2的平方根减1得来的。这无法用分数来表示，因为这是一个无限小数，0.4141……

现在，按照任何一种你喜欢的顺序，把这个在所有数字中无限多的数取出来，进行两两分组，用自然数1,2,3,4……标注。这是一个任意分散，至于其醒目性，还需要进一步解释。

自然数	小数
1	0.3333……
2	0.1428……
3	0.1250……
4	0.4141……
……	……

小数的无限序列会沿着这一页继续进行下去，没有尽头，并且会和

自然数的无限序列一直成对出现。不管你以哪种方式放进去哪个小数，都会出现一些小数必定不被包含在里面的情况。我们通过带有分类变化的，以对角线方式呈现的加亮数字来认出一些“漏掉的数字”。

如果没有做任何变化，从上面的对角线方式呈现的小数就是0.3451……正如我们都知道的，在这个序列中，数字会继续下降。但是，假设一下，我们作了以下的变化，创造出一个“额外数字”。

不论什么时候我们在对角线中碰到“3”这个数字时，我们就用数字“1”进行替换。不论什么时候，只要我们碰到不是“3”的数，我们就用“3”来代替。

我们的样例之外的数字，比如说以0.1333……开始，我们可以保证的是形成的小数不会出现在给出的那个序列之中，因为我们知道，通过用“1”来代替“3”，“漏掉的数字”就会不同于第一排的数字。通过用“3”代替“4”，这样，它也与第二排的数字不一样，以此继续，无限次地这样继续，对角线也一直走低。我们可以通过不同的替代来创造出更多这样的漏掉的数字。在0和1之间的小数集，其数目比自然数集中的数目要多，尽管自然数在数目上是无限多的。

不同大小的无限多看起来非常具有矛盾性，但是，我们应该记住的是，我们在讨论抽象的实体以及对它们进行对比的方式。毕竟，在国际象棋的规则中，象只能以对角线的形式来活动，而这告诉了我们生活中，对象没有什么好介绍的，对于如何用木片给“象”贴标签以便让其进行活动，也没有什么好介绍的。是的，无限确实可以应用到世界中来。有时候也会对它进行滥用。通过返回到与整个数列1,2,3……相同大小的无限大上，让我们来看一下。

这儿是希尔伯特酒店，杰出的数学家大卫·希尔伯特介绍说。这家酒店里有无数的房间，分别标注1,2,3……每个房间都住着人。

来了一位旅客。矛盾的是，研究无限的数学家强调，他还可以带着同伴一起住进来。1号房间的人被转到了2号房间，2号房间的人被转到了3号房间（如此继续），因为总有一个更高编码的房间用来放置你想要转移的任何一个人。这样，1号房间腾出来了，可以让旅客入住。

即便是一个无限大数的旅行者到来，住宿也完全没有问题。1号房间的人被转到2号房间，2号房间的人被转到4号房间，3号房间的人被转到6号房间，以此类推。最终，腾出了留给无限大数的用奇数标注的房间，这样，无限大数的旅行者就可以入住了。

可是，用所有房间都被入住来描述一个酒店，太令人困惑了，而哪一个房间用来让新客户入住呢？考虑到无限，“所有”和“大小”需要从不同于正常意义上来理解。关于让“无限的酒店”听起来有意义……想象一下一个叫斯蒂芬妮的疲倦的人，在百米跑中正跑着最后的几码。她是从1760码以外开始的，正在冲击最后的几码：3,2,1，做得好！但是，想象斯蒂芬妮或者是任何一个人是从无限大码数以外开始跑的，而现在正喘着气喊出最后的3,2,1，这样想没有什么意义。

我们无法跑完无限大码数，这不仅仅是一个身体极限问题。阻止我们构建希尔伯特酒店的理由也不仅仅是建筑和物质上有困难。可以证明的是，如果应用到酒店房间上，应用到挤牛奶的女仆和欢呼雀跃的勋爵上，抽象的无限序列所产生出的矛盾，并不都是那么使人感到意外。

相关阅读：

7.瓶中的怪兽——待售

15.小丑、伯兰特·罗素和悖论

29. 全知的上帝究竟知道多少？

32

长生不老也会有烦恼

你可能有太多的好事，或者可以这样说，但是，当这里的好事指的是生活的时候，很多人会想要更多更多。很多人会追求长生不老。更确切地说，很多人希望有长生不老的可能，可以永远活着的可能以及不朽的生命的可能。

对长生不老的渴望，需要的不是永恒的无实质的存在，而是关注永远，它可以很好地体现永生。你可以在这个地球上继续走下去或者做行星上的继承人。当然，事情会变得非常悲惨，以至于即便是最沉醉于生活的人都希望不要再有这样的事情，但是，假设没有发生灾难，很多人渴望生命更长久一些，而不是更短一些，并且，很多人会发现，没有什么理由可以解释为什么那种更多不应该是无限的更多。无限的生命是一种没有尽头的生命，这就是很多人所渴望的。

“我希望我能永远活着。”

弗丽斯享受着她的生活。她没有什么理由去想象事情会越来越糟糕。她聪明、有魅力、沉着冷静，还有高收入，一切都很好。“多么希望我的生命不会到尽头。多么希望我不会死去。”她叹息着说。

“那么，喝了这让我保持生命的长生不老药吧。”一位满脸皱纹的老人喃喃道。他坐在一个满是灰尘的蒙古人商店里，仅剩下几颗牙齿，看起来他都不知道肥皂是什么。他看着弗丽斯，给她指了指那个药水。

作为一个有意识的女人，弗丽斯现在要做的应该是从这个老人身边走开。这个老人是个想法古怪的人，是一个兜售骗人的万金油的人。他的药水根本就毫无价值或者说非常糟糕。但是，这是在讲一个有关宝藏的故事，在这个故事里，满脸皱纹的老者并不是一个想法古怪的人，并且弗丽斯知道他是很诚恳的。有那么一天，通过基因工程和药物处理，人类可以做到长生不老，毕竟，这是有可能的。这样，也就没有什么明显的矛盾了。

“好主意，”弗丽斯满脸堆笑地说，“但是为什么不给自己用呢？”

“你怎么知道我没有用过？”老人回答说。

“但是如果我步入非常老、非常衰弱、没剩几颗牙齿并且又没有肥皂的时候，我就不想长生不老了。”

“放心吧，你喝下它，这个药水能让你永远活着，并且保证能永远处在你现在这个年纪。如果你希望的话，你会永远27岁。”

弗丽斯，被那个“27岁”说得高兴了，很快认为，如果她提前几个世纪改变她的主意，就不会为长生不老犯愁了。吃了长生不老药，她会得到解毒的药丸，这个药丸可以解除长生不老药的药性。所以，她满腔热情地付了钱，喝下了那个药水。现在，问题是，弗雷斯会在特定的年龄阶段服下解药吗？假如时间不会到来，如果合理，什么时候人们能有足够的生命？

长生不老对我们来说会是一件好事吗？

对于这种尘世的长生不老，人们常常有着强烈的直接反应。对很多人来说，很明显一个永无尽头的生命至少能对主体，也就是对继续生存的那个人来说是好的，但是对于其他人来说，更多的是不好的。对这句话进行评判的话，有关于长生不老和存活的主体这两者，有些地方需要澄清一下。

永无尽头的生命会是这样一种生命，在这种生命里，我们无意识，在深度睡眠中，毫无尽头。它既不会在人们追求长生不老的时候，给人们带来他们所想要的，也不会在人们想选择逃避的时候，让人们产生恐惧的感情。所要寻找的生命或者说避免的生命中，没有意识，可能有一些精神上的持续会在继续运转。那并不意味着长生不老的生命，为了获得珍贵的长生不老特性，而需要记住一切。但是，最低限度地讲，他们需要一些坚持自我的自我意识、记忆力和计划性。弗丽斯，这个长生不老的人所渴望的精神里，需要的不是其他，就是以上的东西。

一个永无尽头的生命会十分的清醒，但是，它的永无尽头源自对相同事件的无限循环：从0岁到80岁，你一遍一遍地过着你的生活，却意识不到这种重复性。当人们渴望长生不老时，所寻求的并不是这种无限的生命。

长生不老所需要的是这样一种生命，我们可以意识到我们自己是在继续我们的生活，经历不同的事情——假设，我们知道我们自己是长生不老的，而仍然是我们自己，极具神秘性的自己。现在，又引起了什么问题？

一个问题是，长生不老药能否使我们免于因事故和疾病而死去，并且，是否能使我们免于遭受极大的伤害。如果它可以，那么，长生不老的生命会与终有一死的生命大为不同。我们应该不会担心危险的道路、核战争以及被饿死的危险。“勇气”和“安全”这种概念的发展，以及我们对他人的关心，也会完全不同。因为那，我们的血液、骨骼以及器官在承受辐射、高度的冲击以及过量饮酒的影响时，需要作出很大不同的应对。我们的生命简直不会被认为是人类的生命。

另外一个问题是有关于所涉及到的数字。如果我是唯一一个长生不老的人，那么我会看着我的朋友一个一个出生，然后一个一个去世，我会和不同的人建立关系，或许最终一个人也剩不下，仅有对他们的回忆。可是，如果还有其他几个人都是长生不老的——或许那些富人们有能力购买长生不老药，那么，我们难道不会发展成不同于正常人的一类相同的物种吗？如果无数的人都成了长生不老的了，那么对于新出生的人来说就最终“空间不足”了，也就暗示着男人和女人之间的关系会最终被改变——对孩子的渴望需要从根本上进行纠正。

空间不足避免了对长生不老可能性的具体考虑以及这些长生不老之人与普通人之间的冲突，但是，关键性的反应在于乏味和积极性。

如果我留有足够的记忆以便于使我自己生活得有意义。那么，百万年之后，如果在那样一个世界上，只有我一个人是长生不老的，我得一次一次和新出现的人们构建关系，这难道不会很无聊吗？而如果在那样一个世界上，所有的人都是长生不老的，永远只能见到相同的人，难道不也很无聊吗？

作为回答，或许也会有一些值得高兴的事儿会永远不断地重复，或者可能我们会拥有这样一种能力，去设计永远都会是新的工程。如果，比如说，我着迷于数字，我无限的时间都会用在对已经很大的数字以及它们特性的进一步研究上——数字无尽头。或者，可能，当处于麻醉的朦胧之中时，我能够拥有同样高灵敏性的感觉，或者听着相同的音乐，同样的巴托克四重奏，用书面用语说，永无尽头。我能这样吗？

尽管无聊和恐惧可以避免，对于积极性仍旧存在着一个问题。如果有些事情可以拖到明天来做，为什么不拖呢？会有无限个“明天”的，所以，今天很少会有特别紧急的事儿需要做。确实，没有尽头需要考虑。除非我们重复着欺骗自己，否则，我们或许会疑惑我们的生活结构是怎样的呢。矛盾的是，虽然很多人在生命的尽头时，把自己整个一生看作是没有意义的，但是，或许就是永恒的生命危害了我们生活的意义，造成了我们生活的无意义。

对于生命来说，要想有意义，就需要有尽头：它需要用死亡来提供一个框架，在那里面，规划我们的生活。那不代表目前的寿命是理想的。或许，能活一千年会很好，也许能够实现。我们随着困惑发生思想波动，仅仅是为了挑战这样一个随意的假设，那就是，永恒的生命会是一个有价值的生命。我们会质疑，如果我们没有尽头的概念，生命如何能被判定是令人满意的或者不令人满意的。假如终有一死的生命和长生不死的生命，有其根本的不同，那么，我们会疑惑，“我”过着长生不死的生活，其意义是什么呢?

我们以上思绪的波动也为展现一个符合逻辑的观点提供了理由。

在常常希望有些事情能够这样和希望有些事情常常这样，两者之间有着不同之处。假设每天我都有一个选择，立即死去还是继续过活。每天我都选择再活一天，这样，我会永远活着，而我也可能会选择不要永远活着。或许我们常常渴望能再活一天，而或许我们中的大多数知道——如果意识可以使其这样的话，我们所不想要的是我们的生命每天都在继续，没有尽头。当然，不好的事情，我们希望停止，奇怪的是，好的事情真的也确实会走到尽头。

相关阅读：

33.现代社会的野蛮人

31.无穷、无穷数和希尔伯特酒店

7.瓶中的怪兽——待售

【生活】

33
现代社会的野蛮人

当项目（大学课程、生命，或者是一本书）进行到了尾声，你会禁不住退回去。哲学家，他们成熟以后——头发变花白，视力下降，思维敏捷度下降，他们也想退回去。他们会在哲学思考的价值方面，整体上回顾一下一生。 他们以智者的眼光来看待，就好像成熟揭开了青年的面纱，那面纱遮挡了事物的本来面目，也遮挡了事情应该如何发展的迹象。可是，可能根本没有深刻的智慧，仅有对周围环境的叹息以及对世界的厌恶。

在厌世情绪里，当然不是在智慧上，我产生了对野蛮人（Barbarian）的困惑。这个术语源于“blah,blah”，绵羊的叫声“baa,baa”，当外邦人不用文明的语言，即希腊人的语言，而是喋喋不休时，这些声音被古希腊人听见了。在战争中，野蛮人比较有力气，精力充沛并且会取得成功，但是，他们缺少一些东西。他们缺少文明和希腊文化。

野蛮人常常在城墙之外。他们在外面。今天，正如平常一样，他们也会在里面，在城市的里面，甚至到我们中间来。野蛮的性格特点可以由社会提升：通过社会法律、社会结构以及掌权人士来提升。从时代精神及态度可以看出这一点。

你认为社会中怎样才算是野蛮——内心深处的野蛮？如果这个问题听起来有些消极，那么思考一下对于一个好的生活，文明的生活，需要些什么呢。是什么使好生活恶化了呢？用我们野蛮的措辞，喊出你的困惑吧。

谁是现代社会的野蛮人？

好的生活，文明的生活，因有竞争性的和技术性的发展而加强。虽然我们会梦想简单的生活不受科学成功的阻碍，但是对我们中的很多人来说，我们水龙头中的水，夜里开着的灯，麻醉学以及福利规定都是一种充裕的恩惠。他们允许给出时间用来思考、文学创造以及艺术创造。而我们非常清楚进步也会提升野蛮的人、平民百姓以及底层的人。观众就是目标，艺术家是个大生意，教育寻求经济影响。我们也知道，社会和物质上贫穷的人能够拥有一种风雅和好色之心，这是我们在生活中匮乏的。他们或许会对天空中微小的变化以及垫子的编制方法而敏感。他们或许会从虚构的事物和传统上获得洞察力。

我们社会中的野蛮人随时都会进攻我们的家园：无缘无故的攻击

性，自私，受重商主义刺激而引起的奢望，当事情不顺利时责备别人。我们先看一下潜在的想法吧。

用一个词流行的意义来解释，野蛮人是物质主义者。物质主义涉及在自私自利的消费中增加更多的期望。如果资金允许，即便是难以允许，野蛮人炫耀他们的金表、时髦的衣服以及更宽敞的汽车。他们寻求获得更多东西——或许是喝更多的酒，进行更多的性爱生活，就像是有竞争性的活动缺乏想象，缺乏文雅。没有什么更好的东西可以抓得住。数量上的泛滥和对快捷的追求淹没了我们对质量和品味的追求。思考天空的颜色，威尼斯长方形教堂或者是卢浮宫的艺术作品，这些都让步于拍更多照片，途中会挤进在购物清单上划勾作标记的情景。

为修正物质主义，一些人皈依于宗教。经文常常可以阻止一些过度的自私自利，经文能够把眼光放在精神层面上。而某种特定的宗教信徒很容易盲从于另一种野蛮——信仰的强加，将他们“好的生活”强加于别人之上，例如，逼迫女人戴面纱或者宣告婚姻之外的性关系是非法的。

假设野蛮是由宗教步伐或者政治意识形态造成，那么，盲目地追求一致就是一种野蛮。幸运的是，我们需要的不是虔诚地反对唯物主义的过度庸俗。对于我们欣赏秋天树叶的飘落，音乐篇章的滑音，脖子优雅的曲线，或者意识到他人的所需，或者是重视对某些经文的沉思，这些，并不非得需要对上帝的信仰。注意，只是“特定的”，因为有些经文读物获得强烈反对。

也许无人愿意抚养野蛮人。物质上的还原论，科学万能主义——唯物主义不同于以上所说的——理解爱，审美，在入海和天黑之前我们恐惧的意识，正如“除此之外并无他物”在神经学上的状态，那种状态由化学变化和进化的心理来进行解释。科学万能论错误地给人带来爱和美——矛盾的是，即便是对真理的要求——的贬值，得出的结论是，我们可以做的以及应该做的是为了满足我们的需求。当然，如果科学万能论真的损害了价值，那么，它还损害了对野蛮人的评价，那种评价是反对利己主义的。

我们应该挑战还原论以及科学万能论。没有科学的法律用来讨论敬畏、美以及对真理的探索。也没有有关于漂亮、旅行皮箱以及裙子的法律。没错，会对敏感、敬畏和文雅的根源作出解释，但是他们的目前存在并不因此与他们看起来的样子有所不同。今天的冰继续保持冷和硬的特性，可是，正如我们所知道的，在早些时候，氢原子和氧原子结合在一起构成了现在的冰。

最好是做一个不那么令人满意的苏格拉底，而不做一头令人满意的猪。

杰出的维多利亚时代的约翰—斯图亚特·密尔这样写道。那些野蛮人，他们以比较大众化的理解来信奉物质主义，或者他们误解了科学万能论的影响，过着像猪一样的生活。密尔，在反对猪一般的生活上，将眼光放在了提高品味快乐和提升人物性格上：诗歌、音乐以及大自然中的高品位快乐；高贵、富有同情心以及诚实此类的人物性格。一旦我们在经受了高品位快乐的教育，我们会认识到它们的优越性，密尔这样分析。当然，密尔或许是错误的。对于生命的价值，有地方去辩论、去推理以及去思考。可是，这种辩论、推理和思考，已经将那些这样做的人与野蛮人进行了区分。

最好是不要用“快乐”（pleasure）来标注我们的目标。快乐并不能衡量：它也不应该去衡量。借用古希腊幸福主义，这儿有一个更好的表达，那就是繁盛（flourishing）。密尔——还有很多其他的人，打心里想提升好的生活，快乐的生活，以使它繁盛。性欲、食物和饮料甚至懒惰和幸灾乐祸的心理的满足，可是，它们仅与敏感和优秀有着细微的差别，密尔似乎都可以忽视这一点。这种满足感或许就像歌剧和高雅的艺术一样，在繁盛的生命里有着重要意义。

繁盛的生命还需要有想象和知觉的真实拥抱，就像是真正的“我们的”拥抱一样，用手臂来拥抱别人。当然，这种生命有危险：事情发展不顺。在此，我们看一下另一个关于野蛮的例子：希望事情总是向好的方向发展，幻想我们能过上舒适的生活，碰到事情发展不顺时，要求补偿。

“了解所有东西的成本，却不知道任何东西的价值回报。”这句讽刺性的话概括了一些野蛮人的观点。因对所谓的“好的事情”进行不断追求，野蛮人负担重重，尽管他们很乐于接受这种负担。背负着这种负担，他们的眼神沮丧，无视事情的改善和提高，无视世界和异国他乡的风雅、变化和细微差别。

在C.P.凯瓦菲的《等待野蛮人》的书中，那些等待的人最终开始意识到没有野蛮人在外面。结果，他们陷入了困惑。

矛盾的是，对于繁盛的生命，野蛮人正是我们所需要的。他们可以保护我们，使我们追求美好的事情，避免了我们沦落到自残的地步。令我们疑惑的是，我们对于粗野的人，对于开着耗油量很大的车的人，甚至对那些没什么可展示，仅仅展现闪烁的灯光以及凌乱的床铺来作为美学成就的所谓“艺术家”，应该表达我们的感激之情。野蛮人在外面有着属于他们的落脚之地，虽然，不是在我们中间。

那么现在，如果没有野蛮人，在我们身上会发生什么？

那些人，就是这类问题的答案。

脑子里想着凯瓦菲——这是一个希腊绅士，头戴一顶草帽，与宇宙形成一种稍微的倾角，一动不动地站着，我们会想起一直以来我们所了解的：我们也能以我们自己的角度来站立，与宇宙形成一种稍微的倾角，并被自然景观和人文景观、理念和艺术环绕。我们可以向朋友挥手示意他们走过来，可以对着微笑的不认识的女人微笑，分享回忆、音乐和幽默感。这样才是我们从我们的生活和他人的生活中所获得的观点。

那种观点可能是有追求的，鼓舞人心的，也可能是听天由命的，忧郁的，认真的或是古怪的，理性的或感性的，稳定的或变化的。它会描绘天空，或者居住在地球上，意识到一些限制及不可避免的损失。可是，是怎样的一种混合体，都会是我们自己的，是我们真的可以据此而生存的。

在反思和改善我们的观点和信仰上——这种信仰是被他者给予的，我们抵制野蛮人。那就是我们成为人类的理由，那就是……的理由。

一个头戴草帽的希腊绅士，

一动不动地站着，

和宇宙保持稍微的倾角。

【附录】

延伸阅读

对这些哲学难题进行补充的是我之前的两本书，也就是《机器人能成为人吗？——33个令人费解的哲学难题》以及《食人族为什么错了？——33个更加令人费解的哲学难题》（牛津：Oneworld出版社，2007/2008）。

历史上的哲学难题，在杰出的罗伊·索伦森写的《悖论简史》（纽约：牛津大学出版社,2003）中多少有些提及。要是想了解悖论的同时，还能获得幽默，那么，可以看一下约翰—艾伦·鲍尔斯的《我思，故我笑》（纽约：哥伦比亚大学出版社，2000）。还有，回想一下路易斯·卡罗尔，《带引号的爱丽丝》第2版的作者。出于令人深思的两个爱丽丝的念头，此书由马丁·加德纳作注（伦敦：艾伦—莱恩出版社，2000）。

米歇尔·克拉克的《悖论：A to Z》第2版，（伦敦：罗德里奇出版社，2007）对更多的成熟的悖论进行了很好的研究。还可以看一下尼古拉斯·莱彻的《悖论：它们的根源、领域和解决办法》（芝加哥：Open Court出版社，2001），还有，格伦·W.埃里克森和约翰·A.佛萨写的《悖论字典》（兰哈姆，MD:美国大学出版社，1998），R.M.塞恩斯伯里的《悖论》，第3版（剑桥：剑桥大学出版社，2009）简述了对一些核心观点的具体评价。想大体地了解一下哲学，你可以看一下西蒙·布莱克本的《大问题：哲学》（伦敦：Quercus出版社，2010）。别忘了还有一个在线的有重要意义的《斯坦福哲学百科全书》。在www.petercave.com上可以找到各种不同的链接。

索尔·史密兰斯基的《十大道德悖论》（牛津：布莱克威尔出版社，2007），文如其名。《我的人道主义：初学者指南》（牛津：Oneworld出版社，2009）概述了道德理论和道德窘境。如果还想了解更多，可以看一下休·拉福莱特的《布莱克威尔伦理学指南》（牛津：布莱克威尔出版社，2000）。

我自己的书，很少有侧重学术的作品，主要触及的不仅仅是程式化的悖论，通过参考很多的参考文献，还涉及到一些反复无常的悖论，这就是《这个句子是错误的：哲学悖论入门》（伦敦：Contimuum出版社，2009）。

图书在版编目（CIP）数据

羊驼会坠入爱河吗？ / （英）卡夫（Cave,P.）著；范丽娜译．
—济南：山东画报出版社，2013.8
ISBN 978-7-5474-0941-1

Ⅰ.①羊… Ⅱ.①卡… ②范… Ⅲ.①哲学理论－通俗读物
Ⅳ.①B0-49

中国版本图书馆CIP数据核字（2013）第055959号

DO LLAMAS FALL IN LOVE?:33 PERPLEXING
PHILOSOPHY PUZZLES
by
PETER CAVE

This edition arranged with ONE WORLD PUBLICATIONS
through Big Apple Agency,Inc., Labuan Malaysia.

山东省版权局著作权合同登记章图字：15-2012-040

责任编辑 王硕鹏
装帧设计 王 钧
主管部门 山东出版传媒股份有限公司
出版发行 山东画报出版社
社　址 济南市经九路胜利大街39号 邮编 250001
电　话 总编室（0531）82098470
市场部（0531）82098479 82098476(传真)
网　址 http://www.hbcbs.com.cn
电子信箱 hbcb@sdpress.com.cn
印　刷 山东临沂新华印刷物流集团
规　格 150毫米×210毫米
7.25印张 10幅图 150千字
版　次 2013年8月第1版
印　次 2013年8月第1次印刷
定　价 28.00元

如有印装质量问题，请与出版社资料室联系调换。